O Guia Completo de Cristais para Bruxas

Título do original: *The Witch's Complete Guide to Christals.*

Edição publicada em 2022 pela Chartwell Books, uma reimpressão da Quarto Group

142 West 36th Street, 4th Floor

New York, NY 10018 USA

1ª edição 2024.

Observação referente à figura da página 66 do livro: "As ilustrações das fases da Lua deste livro correspondem ao aspecto da Lua do ponto de vista de um observador do hemisfério Norte, no qual o Sol ilumina a Lua a partir do lado contrário ao que ilumina no hemisfério Sul". (N. da T.)

Impresso na China

Designer: Erin Fahringer
Crédito das imagens: Shutterstock

Editor: Adilson Silva Ramachandra
Gerente editorial: Roseli de S. Ferraz
Gerente de produção editorial: Indiara Faria Kayo
Editoração eletrônica: Join Bureau
Revisão: Erika Alonso

Dados Internacionais de Catalogação na Publicação (CIP)
(Câmara Brasileira do Livro, SP, Brasil)

Hadley, Sara
O guia completo de cristais para bruxas: uma forma prática de aplicar o poder dos cristais para aumentar seu potencial mágico / Sara Hadley; tradução Denise de Carvalho Rocha. - 1. ed. - São Paulo: Editora Pensamento, 2024.

Título original: The witch's complete Guide to crystals
ISBN 978-85-315-2352-6
1. Bruxaria 2. Cristais I. Título.

24-194487 CDD-133.2548

Índices para catálogo sistemático:
1. Cristais: Bruxaria: Ocultismo 133.2548
Cibele Maria Dias - Bibliotecária - CRB-8/9427

Direitos de tradução para o Brasil adquiridos com exclusividade pela EDITORA PENSAMENTO-CULTRIX LTDA., que se reserva a propriedade literária desta tradução.
Rua Dr. Mário Vicente, 368 - 04270-000 - São Paulo - SP
Fone: (11) 2066-9000
http://www.editorapensamento.com.br
E-mail: atendimento@editorapensamento.com.br
Foi feito o depósito legal.

O Guia Completo de Cristais para Bruxas

Uma Forma Prática de Aplicar o Poder dos Cristais para Aumentar seu Potencial Mágico

Sara Hadley

Tradução
Denise de Carvalho Rocha

Editora Pensamento
SÃO PAULO

SUMÁRIO

Introdução

A história dos Cristais

A magia dos cristais remonta a séculos atrás, quando os seres humanos utilizavam os elementos da natureza para a cura e fins ritualísticos. A origem das práticas com cristais está ligada ao Antigo Egito e à Índia, mas essas pedras ainda são uma presença constante nas tradições dos nativos norte-americanos.

O primeiro registro escrito do uso de minerais remonta ao Antigo Egito. Minerais como a galena e a stilbita eram pulverizados e usados como maquiagem, especialmente ao redor dos olhos. Os egípcios também utilizavam cristais pelas suas propriedades terapêuticas. A malaquita, por exemplo, à base de cobre, era usada para limpar feridas devido à crença desse povo em seu efeito antimicrobiano. Outras civilizações também conheciam o poder dos cristais, como os babilônios, que usavam o lápis-lazúli para afastar o mal; e os chineses, que empregavam cristais na cura, como uma forma de medicina.

Como os Cristais são Usados na Bruxaria

Nas últimas décadas, surgiu um interesse renovado pelos cristais, tornando o que antes era um tema cercado de mistérios num tópico extremamente acessível. Curandeiros, xamãs, sensitivos, wiccanos e muitos outros praticantes continuam a usar os cristais, conectando-nos com a energia universal por meio dessas pedras.

Ao longo do tempo, muitas pessoas passaram a incluir os cristais em suas práticas medicinais, religiosas e rituais. Hoje em dia, existem muitos instrumentos que as bruxas podem usar, e um dos mais antigos são os cristais, materiais encontrados na natureza, com átomos altamente ordenados e uma vibração constante.

No mundo mágico das vibrações, os cristais podem ajudar a bruxa em sua jornada espiritual, ampliando as intenções que ela coloca em seus trabalhos mágicos. Qualquer bruxa dirá que esse é um passo essencial na prática da sua Arte. Como bruxas, nós usamos as energias dos cristais para adicionar mais magia ao nosso cotidiano, como usar água energizada por cristais ao fazer café, por exemplo. Neste livro, vamos explorar diferentes maneiras de usar os cristais para intensificar rituais diários e trabalhos mágicos.

1

A Conexão com os Cristais

A escolha dos seus cristais

Diante da grande variedade de cristais que estão disponíveis no mercado hoje em dia, encontrar o cristal certo pode parecer uma tarefa assustadora. Mas basta que se lembre de deixar sua intuição guiar você!

A escolha de um cristal pode parecer difícil sobretudo se você estiver no início da sua prática mágica. Existem milhares de pedras diferentes, cada uma com suas próprias propriedades e benefícios. Se houver uma loja esotérica na sua cidade, sugerimos que comece por lá. Um funcionário da loja pode orientar você, pois ele deve ter conhecimento das propriedades das pedras. Também existem muitos *sites* na internet confiáveis, mas, como ocorre em qualquer assunto, é preciso que você faça uma pesquisa antes. O *site* precisa informar a origem das pedras, para garantir autenticidade e práticas éticas de mineração.

Certifique-se de se informar também sobre as propriedades dos cristais antes de ir às compras. Se houver um aspecto específico da sua vida que você gostaria de abordar, pesquise quais cristais pode adquirir para incluir nas suas práticas mágicas. Por exemplo, se você tem sentido ansiedade ultimamente, seria recomendável que escolhesse um cristal como a lepidolita ou o quartzo de lítio. Ambos são conhecidos por combater a mente ansiosa e propiciar uma energia tranquilizadora.

Alguns preferem se abster da pesquisa na internet e usar a intuição como guia. Nesse caso, existem alguns truques que você pode usar para detectar a energia sutil dos cristais. Você pode, por exemplo, escolher a pedra que mais chamar a sua atenção. Muitas vezes, você sentirá atração por um cristal específico. Quando isso acontecer, pegue o cristal e segure-o na sua mão fechada. Como ele a faz se sentir? Você percebe alguma sensação física na mão ou tem a impressão de que ele está irradiando calor? Se a respostas for sim, você encontrou a sua pedra!

Em vez de escolher a pedra cuja aparência chama mais a sua atenção, você também pode basear a sua seleção na energia que ela emana. Você começará a perceber melhor a vibração dos cristais à medida que for aprendendo a confiar na sua intuição. Com o tempo, ela irá aumentando, você passará a reconhecer as energias terapêuticas das pedras pelo toque e esse será um modo natural de selecionar os seus cristais.

Exercício

Esfregue as palmas das mãos por cerca de um minuto, para que fiquem formigando e prontas para captar energia. Disponha as mãos a alguns centímetros dos cristais, feche os olhos e mova-as acima das pedras. Concentre a atenção em qualquer mudança energética que possa sentir; você percebe uma força de atração semelhante a de um ímã ou alguma outra sensação? Então, você encontrou o cristal certo para a ocasião!

Você também pode deixar o universo assumir o controle! Tire intuitivamente uma carta de um oráculo de cristais para saber qual pedra deve usar no seu próximo trabalho de magia. Se não tiver um oráculo, recorra ao Guia Rápido de Cristais deste livro. Folheie as páginas e escolha uma página aleatória – ali estará o seu cristal!

Quando achar que encontrou o cristal certo, segure-o na mão e feche os olhos. Relaxe o corpo e a mente, e pergunte se esse cristal é destinado a você. Se o seu corpo se inclinar para a frente, a resposta é sim. Se ele se inclinar para trás, tente escolher um cristal diferente. O mais importante é lembrar que não há maneira certa ou errada de selecionar seus cristais.

Os Cristais

Existem vários cristais indispensáveis na coleção de pedras de uma bruxa. Os relacionados a seguir são versáteis, fáceis de encontrar e têm um preço acessível. Recomendo que você compre suas pedras em lojas físicas, mas também pode adquiri-las pela internet, caso conheça um *site* confiável.

Ametista

"A CLARIVIDENTE"

A ametista sempre foi uma pedra cercada de muitas lendas ao longo da História. Descoberta pela primeira vez na França, milhares de anos atrás, ainda não está claro há quanto tempo ela é conhecida pelo homem. Nos tempos antigos, a realeza bebia vinho em cálices encrustados com ametista, a pedra da sobriedade. Acreditavam que ela afastava a embriaguez e permitia que os reis mantivessem a mente clara enquanto seus convidados se entregavam ao álcool.

A ametista também é considerada uma pedra extremamente espiritual. Pode auxiliar no aprofundamento da meditação, abrir os chakras do Terceiro Olho e da Coroa, além de ser calmante e proporcionar paz.

A ametista já foi uma pedra muito valiosa, que simbolizava a realeza. Reis e rainhas britânicos adornavam cetros e coroas com belas joias dessa pedra para indicar prestígio. Bispos e padres católicos usam anéis de ametista para simbolizar sua abstinência de álcool e para proporcionar proteção espiritual. No início do século XIX, a ametista foi descoberta no Brasil, tornando-se uma pedra preciosa mais acessível. Hoje, podemos encontrar ametistas em joias, lapidadas em diferentes formatos e em estado bruto.

- **PROPRIEDADES MÁGICAS:** Protege contra ataques energéticos, aumenta as capacidades psíquicas, promove a sobriedade
- **ELEMENTOS:** Ar, Água
- **DUREZA:** 7
- **PLANETA:** Urano
- **À PROVA D'ÁGUA:** Sim
- **SIGNO DO ZODÍACO:** Aquário
- **ELIXIR SEGURO:** Sim

Quartzo Transparente

"O CURANDEIRO MESTRE"

Presente no mundo todo, o quartzo transparente é o mais renomado cristal da família do quartzo. Ele é uma forma natural de dióxido de silício, encontrado com mais frequência em rochas sedimentares, mas também em outros minerais.

O quartzo foi um cristal valorizado em muitas civilizações antigas, remontando até a Atlântida. Os filósofos gregos acreditavam que essa pedra fosse uma forma de gelo eterno que nunca derretia. No Japão, ele é chamado de "*Tama*" ou "a joia perfeita" e simboliza a pureza. Romanos e egípcios usavam joias adornadas com quartzos transparentes para representar poder. Em culturas do Oriente Médio, o quartzo é muito valorizado por ser um cristal inestimável na cura e no trabalho energético.

Essa pedra extremamente durável, com uma pontuação de dureza sete, atualmente está presente em várias tecnologias. Aparelhos de TV, relógios e até mesmo celulares contêm quartzo.

Conhecido por ser o "curandeiro mestre" do ponto de vista espiritual, devido à sua versatilidade e capacidade de equilibrar todos os chakras, o quartzo transparente atua como um amplificador energético e potencializa as propriedades de outros cristais, ao mesmo tempo em que absorve vibrações negativas. Isso torna o quartzo um instrumento de cura essencial, que você certamente desejará ter na sua coleção!

- **PROPRIEDADES MÁGICAS:** Amplifica a energia, aumenta a concentração, equilibra o sistema energético
- **ELEMENTOS:** Ar, Água, Fogo
- **DUREZA:** 7
- **PLANETA:** Vênus
- **À PROVA D'ÁGUA:** Sim
- **SIGNO DO ZODÍACO:** Áries
- **ELIXIR SEGURO:** Sim

Turmalina

"A PROTETORA"

A descoberta da turmalina remonta aos anos 1500, mas ela só passou a ser reconhecida como um mineral no século XIX. O nome "turmalina" deriva do termo cingalês *turmali*, nome dado a gemas provenientes do antigo Ceilão (hoje Sri Lanka). Isso ocorreu porque os descobridores da pedra a confundiram com outras gemas coloridas dessa região.

Sua variedade de cores a torna verdadeiramente única: são encontradas turmalinas em tons de vermelho, verde-menta, azul e até tons de framboesa. Aí está um cristal impressionante que não decepciona! Raramente essa pedra é incolor. A variedade mais encontrada é a *schorl*, que é a turmalina negra. Hoje em dia, ela é extraída principalmente no Brasil e na África, mas pode ser encontrada na Tanzânia, em Madagáscar, no Afeganistão, no Sri Lanka e no Paquistão.

A turmalina equilibra a energia yin e yang, e é usada com frequência no Feng Shui para criar um escudo energético ao redor de um ambiente e impedir a entrada de energias negativas.

Reverenciada como uma pedra altamente protetora, a turmalina pode transmutar qualquer coisa em sua vida (física ou espiritualmente), evitando que você se desvie do seu propósito divino.

- **PROPRIEDADES MÁGICAS:** Repele a energia negativa, protege contra campos eletromagnéticos, confere vitalidade física
- **ELEMENTO:** Água
- **DUREZA:** 7-7.5
- **PLANETA:** Plutão
- **À PROVA D'ÁGUA:** Não
- **SIGNO DO ZODÍACO:** Escorpião
- **ELIXIR SEGURO:** Não

Selenita

"A PURIFICADORA"

A selenita é uma forma cristalizada de gesso com milhares de anos. O gesso é um mineral que ocorre naturalmente a partir da evaporação da água em ambientes ricos em minerais. Embora suas raízes estejam na mitologia grega e tenha recebido o nome da deusa grega da Lua, Selene, esse cristal era popular na cultura mesopotâmica, onde era usado em práticas ritualísticas e para afastar espíritos malignos de pessoas enfermas. Os antigos egípcios acreditavam que essa pedra angelical, quando presente no túmulo, ajudava a pessoa falecida a fazer sua passagem para a vida após a morte.

Em 1794, a mina de Naica foi descoberta em Chihuahua, no México. Uma câmara dentro dessa mina, chamada Caverna de Cristal dos Gigantes, contém pedras fascinantes de selenita, com até quinze metros de comprimento e mais de um metro de diâmetro.

Uma pedra preciosa tanto para quem aprecia a beleza dos cristais quanto para quem trabalha com energias, a selenita é a pedra ideal para limpar a aura, pois remove bloqueios e equilibra os chakras. A frequência pura e elevada da selenita traz paz e harmonia, incentivando o fluxo natural da energia.

- **PROPRIEDADES MÁGICAS:** Purifica, limpa, harmoniza
- **ELEMENTO:** Água
- **DUREZA:** 2
- **PLANETA:** Lua
- **À PROVA D'ÁGUA:** Não
- **SIGNO DO ZODÍACO:** Câncer
- **ELIXIR SEGURO:** Não

Quartzo Rosa

"A PEDRA DO AMOR"

Considerado um talismã do amor e dos relacionamentos, o quartzo rosa é a variedade cor-de-rosa do quartzo. Descoberta entre 600 e 700 a.C., egípcios, gregos e romanos usavam essa pedra em talismãs para simbolizar a posse. Na mitologia grega, o quartzo rosa é associado à deusa grega Afrodite. Acreditava-se que durante uma briga com Ares, o sangue dessa deusa tenha tingido o cristal de rosa.

Até hoje, o quartzo rosa pode ser encontrado em entalhes intrincados por toda a China. Utensílios como o *gua sha*[1] e pentes de cristal feitos de quartzo rosa tornaram-se muito comuns nos cuidados com a beleza. Historicamente, as mulheres grávidas mantinham o quartzo rosa por perto para ter uma gravidez tranquila e um parto seguro. Também é uma pedra associada à fertilidade e à concepção.

Quando mantido próximo ao coração, o quartzo rosa estimula o amor-próprio. Não surpreende que seja a melhor pedra para se usar no chakra do Coração e na cura dele. Também é excelente para incentivar a reconciliação e a empatia. Quando usada como joia ou carregada no bolso, essa pedra traz uma sensação de paz interior.

- **PROPRIEDADES MÁGICAS:** Estimula o amor-próprio, cura o coração partido e ajuda a promover o perdão
- **ELEMENTO:** Água
- **DUREZA:** 7
- **PLANETA:** Vênus
- **À PROVA D'ÁGUA:** Sim
- **SIGNOS DO ZODÍACO:** Touro, Libra
- **ELIXIR SEGURO:** Sim

1 Instrumento usado na prática da medicina tradicional chinesa para raspar a pele, com o objetivo de melhorar a circulação sanguínea, reduzir inflamações e aliviar a tensão muscular. (N. da T.)

A Limpeza

Sempre que você adquirir um novo cristal, deve limpá-lo e ativá-lo antes do uso. Assim como acontece na escolha dos cristais, existem várias maneiras de se fazer isso. Você verá que seguir a sua intuição é uma recomendação muito frequente neste livro, pois não há maneira certa ou errada de se proceder com cristais.

Limpeza com Fumaça

ELEMENTO: FOGO

A limpeza por meio da fumaça (ou da defumação) é a forma mais comum de purificação dos cristais. Esse método é seguro para todos os tipos de gemas. Você pode usar alguns artifícios diferentes para produzir a fumaça. Ervas secas e flores como a sálvia e a lavanda, e incenso ou resina funcionam muito bem. Você também vai precisar de um recipiente à prova de fogo e fósforos ou um isqueiro.

Acenda a sua fonte de fumaça e deixe a chama diminuir até se transformar em brasas; isso deve produzir uma corrente constante de fumaça. Certifique-se de mantê-la sobre o recipiente à prova de fogo para evitar que as brasas se espalhem. Comece purificando a si mesma; visualize uma luz branca irradiando do topo da sua cabeça e envolvendo todo o seu corpo. Passe a fumaça ao redor do seu corpo, da cabeça aos pés, na frente e nas costas, e deixe que ela absorva quaisquer energias negativas, obsoletas e estagnadas.

Em seguida, defume seus cristais. Um por um, mova-os pela fumaça, deixando que ela os envolva por completo. Você pode usar um mantra como: *Que essa fumaça leve embora quaisquer energias que não estejam em sintonia com o meu bem maior.*

Você pode fazer dessa limpeza um ritual simples ou torná-lo o mais criativo possível! Visualize a energia antiga sendo retirada da pedra até que ela brilhe intensamente. Depois de limpar todos os seus cristais, coloque o incenso, o feixe de ervas ou a resina no recipiente à prova de fogo e deixe-os lá até que a fumaça se dissipe e seja seguro guardar o recipiente.

Limpeza com Água

ELEMENTO: ÁGUA

A água corrente é outro ótimo método de purificação. No entanto, não é um método seguro para todos os cristais. É essencial saber se a sua gema é à prova d'água; para isso, você pode consultar o Guia Rápido de Cristais ou os recursos *on-line* recomendados no final deste livro.

Em regra geral, se o nome da pedra termina em "ita" (fluorita, selenita, halita etc.) ou se tiver uma dureza Mohs inferior a seis, ela não deve ser submersa em água. Isso pode fazer que rachem, se quebrem, desbotem ou se dissolvam. Consulte a descrição da Escala de Dureza de Mohs mais abaixo.

Comece purificando a si mesma, lavando as mãos. Enquanto faz isso, visualize quaisquer energias negativas sendo retiradas do seu corpo através das suas mãos; observe enquanto essas energias descem pelo ralo, limpando você por completo. Em seguida, passe para os cristais. Pegue cada um deles, colocando-o sob a água corrente da mesma forma que você se purificou, e imagine todas as energias indesejadas sendo retiradas do cristal e descendo pelo ralo. Certifique-se de secar completamente os cristais.

Escala de Dureza de Mohs

Dureza Crescente

Nome do Mineral	Número na Escala	Objeto Comum
Diamante	10	
Coríndon	9	
Topázio	8	8,5 Broca para alvenaria
Quartzo	7	
Ortoclásio	6	6,5 Prego de aço
Apatita	5	
Fluorita	4	
Calcita	3	3,5 Moeda de cobre
Gipsita	2	2,5 Unha humana
Talco	1	

A escala de Mohs é um recurso útil para determinar a resistência ou a dureza dos cristais. A faixa vai de 1 a 10, sendo 1 (mais macio) e 10 (mais duro). Essas informações podem ser encontradas na internet e são úteis para você saber quais cristais são à prova d'água, de acordo com seu nível de dureza.

Limpeza com Terra

ELEMENTO: TERRA

Usar a terra para limpar os cristais é o meu método favorito e o mais seguro para todas as gemas. Primeiro, comece se ancorando. Tire os sapatos e mantenha os pés apoiados no chão. Respire fundo e expire. Ao expirar, imagine raízes se estendendo desde a parte inferior dos seus pés até o centro da terra. A cada inspiração, receba o poder do núcleo da Terra e, a cada expiração, visualize essas raízes crescendo cada vez mais e ficando mais profundas. Se você não tiver um espaço ao ar livre para fazer isso, tudo bem. A intenção é a mesma, portanto a conexão se fará do mesmo modo. Faça isso por dez respirações. Quando terminar, pegue seus cristais e segure-os junto ao coração, pedindo à terra que os purifique. Você pode usar o mantra abaixo ou criar o seu próprio.

Mãe Terra, eu devolvo estas pedras a você, para que retire suas impurezas e restaure suas energias.

Enterre seus cristais num local de que você se lembrará. Se o seu acesso a espaços externos for limitado, use um vaso de plantas; apenas se certifique de que as pedras estejam completamente cobertas de terra. Mantenha os cristais enterrados por, pelo menos, três dias, ou use as fases da Lua como guia. Enterre as pedras na Lua cheia e retire-as na Lua nova.

Limpeza com Som

ELEMENTO: AR

Usar o som na limpeza dos cristais é o método mais fácil para limpar todos os tipos de pedra. Você precisará de uma tigela cantante, um diapasão, sinos ou carrilhões. Limpe a si mesma "varrendo" o som na sua direção, da cabeça aos pés, na frente e nas costas. Imagine o som penetrando no seu corpo e expulsando quaisquer energias negativas, e deixe que a luz branca o preencha até que ela comece a se irradiar. Agora comece a limpar os cristais; se você usar uma tigela cantante, pode colocar os cristais dentro dela enquanto a toca. Visualize o som envolvendo os cristais e absorvendo quaisquer energias indesejadas antes que o som se desvaneça no ar.

Limpeza pela Luz Solar e Lunar

A luz do Sol e da Lua são uma maneira fácil, mas poderosa, de limpar os cristais. Você pode carregar as pedras e restaurar suas energias colocando-as sob a Lua cheia, sobre o parapeito da janela à noite e deixando-as ali ao longo do dia, para absorver os raios do Sol (só não se esqueça de que muita exposição ao Sol pode causar desbotamento). Se preferir, você também pode enterrá-las do anoitecer ao amanhecer.

É preciso cuidar dos cristais periodicamente, limpando-os e recarregando-os. Outros meios de limpeza incluem o sal, a água da chuva ou até mesmo outros cristais. Você também pode carregá-los e restaurar suas energias usando uma variação do método anterior: coloque-os sob a Lua cheia e os mantenha no parapeito da janela também durante o dia, para absorver os raios do Sol, e depois enterre-os por mais 24 horas.

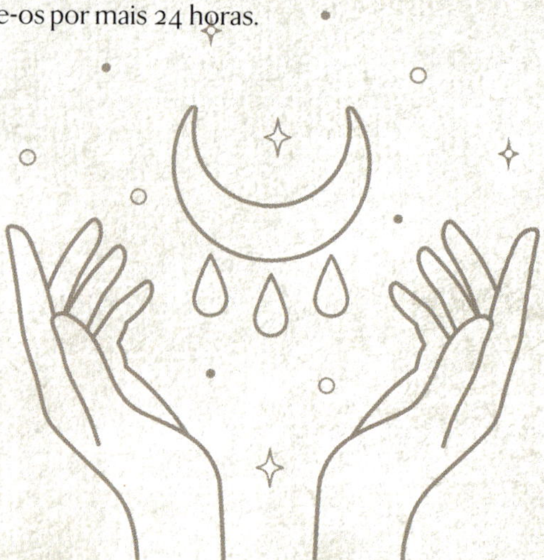

A Programação dos Cristais

Depois de limpar os cristais, você pode programá-los ou dedicá-los. Se ainda não fez isso, precisará antes pesquisar sobre as características das suas pedras.

Cada cristal tem suas propriedades particulares e maneiras variadas de aumentar nosso bem-estar espiritual, emocional e físico.

QUARTZO
CLAREZA

AMETISTA
RELAXAMENTO

FLUORITA
FOCO

Depois de conhecer as propriedades terapêuticas do seu cristal, você pode adaptá-lo às suas necessidades específicas. Dedique algum tempo meditando com a pedra na mão e visualize os benefícios que deseja alcançar.

Por exemplo, se estiver trabalhando com um olho-de-tigre, uma pedra cuja maior propriedade é mantê-la ancorada e propiciar força e coragem, imagine-se no controle de uma situação em que normalmente você ficaria em segundo plano. Diga ao universo o que você quer que o cristal faça, sendo bem específica, e deixe que ele sirva como um talismã. O cristal será um lembrete de onde você quer chegar na vida e pode apoiá-la, ajustando sua energia de acordo com seus objetivos.

Existem várias maneiras diferentes de se programar um cristal:

VISUALIZAÇÃO: Pegue seu cristal e aproxime-o do Terceiro Olho. Enquanto se concentra na pedra e na sua intenção, repita as seguintes palavras em voz alta ou mentalmente: "Estou programando este cristal com a intenção de ________________".

MEDITAÇÃO: Encontre um lugar tranquilo onde se sentar e visualize os benefícios que deseja alcançar. Faça esse processo meditativo pelo tempo que achar necessário para alcançar a programação desejada.

GRADE DE CRISTAIS: Organize seus cristais numa grade em forma geométrica para direcionar a energia da sua intenção. Você pode usar o quartzo transparente como gerador (a pedra central), para carregar os outros cristais da grade. Veja mais sobre a criação de grades de cristais no Capítulo 4.

O quartzo transparente é um cristal que pode ser programado para fazer qualquer coisa que você queira. Ele é um amplificador e intensificará o propósito que você atribuir a ele.

2

Os Instrumentos de Cristais

Os cristais são encontrados numa grande variedade de formas e tamanhos, e têm diversos propósitos metafísicos. Este capítulo abordará alguns dos instrumentos mais comuns e úteis feitos com essas pedras. Os cristais brutos e os cristais rolados (consulte a página 41, para saber mais sobre cristais rolados) são ótimos para você incorporar as propriedades mágicas das pedras ao seu cotidiano e manter essa conexão no dia a dia. O formato de alguns cristais também pode amplificar suas intenções no trabalho energético.

Os Pêndulos

Pêndulo é uma corrente ou cordão com um peso amarrado numa extremidade. É comum que se use nos pêndulos um cristal, uma pedra ou um pingente numa corrente de prata. Os pêndulos são um instrumento fantástico para acessar nosso subconsciente. Alguns acreditam que esses instrumentos são capazes de nos conectar às respostas que já temos dentro de nós. Há evidências de que curandeiros da Antiguidade usavam pêndulos na prática da radiestesia e da adivinhação, e acredita-se que esses instrumentos possam anteceder a história registrada da humanidade.

A radiestesia é uma forma de adivinhação usada para se encontrar objetos perdidos ou as respostas de que você precisa. Para isso, basta que você tenha um pêndulo e ouça a sua intuição, para que eles lhe apontem a direção certa.

As bruxas da atualidade continuam a achar o pêndulo um dos instrumentos mais úteis do seu arsenal mágico. Assim como acontece com qualquer cristal, quando for adquirir seu pêndulo, escolha com base na sua intuição. Você se sente atraída por algum tipo específico? Para sintonizar sua energia com a do novo pêndulo, você pode dormir com ele embaixo do travesseiro ou sobre a mesinha de cabeceira.

Antes de começar a fazer perguntas, estabeleça uma base. O modo como as respostas são fornecidas pode ser diferente, dependendo da pessoa e do pêndulo. Comece limpando sua mente de pensamentos e fazendo algumas respirações profundas. Peça ao pêndulo para mostrar como é a resposta "sim" e depois para mostrar como é a resposta "não". Quando você fizer cada uma dessas perguntas, o pêndulo pode oscilar no sentido horário, anti-horário, para a frente e para trás ou de um lado para o outro. Faça essas duas perguntas básicas algumas vezes até se sentir confiante de que já é capaz de identificar qual movimento do pêndulo representa a resposta "sim" e qual representa a resposta "não".

Faça sua leitura inicial começando com perguntas cujas respostas você já conheça. "Meu nome é (*diga seu nome*)?" Enquanto segura o pêndulo com a mão e o braço firmes, observe como ele oscila. Essa resposta mostrará o significado dos movimentos do pêndulo. Depois de fazer isso algumas vezes, você pode começar a fazer perguntas cujas respostas não conhece.

As bruxas modernas ainda usam os pêndulos com frequência para buscar respostas por meio da radiestesia. Seja selecionando seus cristais ou procurando as chaves que perdeu dentro de casa, você pode usar um pêndulo de cristal para ajudá-la. Segure o pêndulo pela corrente e visualize o que está procurando. O movimento do pêndulo pode aumentar à medida que você se aproximar do objeto e diminuir à medida que se afasta dele. É como brincar de quente ou frio com o universo.

Exercício/Jogo

Praticar com outras bruxas é uma maneira divertida de aprimorar suas habilidades de adivinhação com um pêndulo. Peça a uma amiga para pensar num número de 1 a 25 e manter esse número em mente. Segure o pêndulo da maneira apropriada e pergunte: "Você está pensando no número 1?"; "Você está pensando no número 2"?; e assim por diante até o 25. A resposta dela deve ser "não", mesmo se você tiver dito o número correto. O movimento do pêndulo é que mostrará o número que ela escolheu e revelar a mentira! Troquem de lugar para que ambas possam adivinhar, e lembre-se de que suas habilidades continuarão a melhorar com a prática!

DICA: No início da sua prática com o pêndulo, um tabuleiro pode ser um recurso útil. Ele pode ser apenas uma folha de papel onde esteja escrito "sim" à esquerda e "não" à direita, mas você poderá incluir respostas como "reformular a pergunta" ou "resposta incerta" para ajudá-la a fazer perguntas de forma mais clara. Seja sempre direta e concisa. Modelos de tabuleiro estão disponíveis na internet se você precisar de um exemplo ou inspiração.

A Varinha de Cristal

As varinhas de cristal são um instrumento maravilhoso no trabalho energético. Elas são usadas para direcionar o fluxo de energia e também podem ampliar as intenções da bruxa. Muitos agentes de cura usam as varinhas de cristal para limpar e realinhar os chakras, os centros de energia do corpo. Você pode encontrar varinhas feitas de praticamente todos os tipos de mineral. A varinha de quartzo transparente, conhecido como o curador mestre dos cristais, é um dos instrumentos que toda bruxa deve ter na sua caixa de ferramentas mágica, pois esse cristal pode ser programado com qualquer intenção. Quando usado em grades de cristal, em feitiços ou no próprio corpo, essa varinha absorve, amplia e direciona a energia.

Você pode ser mais criativa e fixar um cristal a um galho de árvore para criar sua própria varinha de cristal personalizada. Use cola ou arame para artesanato e certifique-se de fixá-lo de modo que não caia. Sinta-se à vontade para decorar sua varinha com outros elementos ou cristais, de acordo com a sua preferência.

Exercício

Para limpar e realinhar os chakras com uma varinha de cristal, comece definindo sua intenção, que é equilibrar sua energia. Você pode começar essa prática com uma meditação ou fazendo algumas respirações profundas enquanto está sentada ou deitada confortavelmente. Começando pelo chakra da Raiz, percorra todos os centros energéticos até o chakra da Coroa. Use a varinha para traçar um círculo ao redor do chakra com o qual você está trabalhando e visualize o cristal eliminando bloqueios e quaisquer energias estagnadas e obsoletas. Continue esse exercício até cada chakra passar a irradiar uma luz brilhante.

VERMELHO = Raiz

LARANJA = Sacro

AMARELO = Plexo Solar

VERDE = Coração

AZUL = Garganta

ÍNDIGO = Terceiro Olho

BRANCO = Coroa

CHAKRAS: Chakras (palavra sânscrita para "roda") são centros de energia que se distribuem pelo corpo em ordem ascendente, desde a base da coluna até o topo da cabeça. Os sete chakras principais são os chakras da Raiz, do Sacro, do Plexo Solar, do Coração, da Garganta, do Terceiro Olho e da Coroa. Quando todos os chakras estão equilibrados, a energia flui sem obstrução, harmonizando corpo, mente e espírito. Se um ou mais chakras estiverem bloqueados ou desequilibrados, outros chakras podem tentar compensar esse desequilíbrio, desalinhando todo o corpo, do ponto de vista energético.

Os Vogels

Criado e lapidado pela primeira vez por Marcel Vogel, um cientista e agente de cura energética, o cristal Vogel é uma varinha facetada de ponta dupla, usada para enviar e receber energia no trabalho de cura. As pontas duplas do Vogel consistem numa extremidade receptiva menor, considerada a extremidade feminina do cristal, e no transmissor, considerado a extremidade masculina. Essas varinhas têm uma lapidação e forma específicas para aumentar o poder de cura e transmitir a energia da Força Vital Universal.

Embora essas varinhas sejam, por tradição, feitas de quartzo transparente, você também pode encontrar Vogels de quartzo enfumaçado, ametista e citrino. O dr. Marcel acreditava que a geometria sagrada desses cristais é o que garante que a energia seja captada, amplificada e irradiada de forma adequada.

Assim que você segurar um Vogel nas mãos pela primeira vez, certamente sentirá a energia desse cristal poderoso!

Exercício de Autocura

O cristal Vogel pode ajudar a liberar a energia indesejada ou a tensão do corpo. Antes de usá-lo, certifique-se de purificá-lo usando qualquer um dos métodos descritos anteriormente neste livro (ervas como a sálvia, fumaça, água, terra, visualização etc.)

Comece sentando-se ou deitando-se confortavelmente. Faça inspirações e expirações profundas e lentas pelo nariz, até se sentir tranquila e em paz. Comece visualizando a região do corpo em que você está sentindo desconforto. Segurando o Vogel com o lado maior (operacional) apontando para o corpo inicie um movimento em concha perto da região afetada, como se estivesse afastando a dor ou o desconforto. Isso é conhecido como "extração energética". Repita essa técnica pela manhã e à noite, para ajudar a aliviar o estresse ou a tensão que você sente. Lembre-se de trabalhar com intenção ao usar os cristais, para obter melhores resultados.

As Pedras Roladas

As pedras roladas são cristais brutos submetidos a um processo natural de desgaste (pela ação da água, do vento ou de outros elementos naturais), que deixa sua superfície mais lisa e brilhante. Esse processo, no entanto, não diminui as propriedades energéticas ou vibracionais do cristal. Embora o uso de pedras brutas ou roladas seja uma preferência pessoal, saiba que as pedras roladas são mais fáceis de manusear e usar no corpo, assim como de carregar no bolso ou no sutiã. Seja uma pedra pequena ou grande, a energia que você receberá será a mesma, pois o tamanho do cristal não importa. As pedras roladas são fáceis de encontrar e costumam ter um preço acessível para a bruxa que está iniciando sua jornada espiritual.

Você também pode montar grades de cristal usando pedras roladas. Devido ao tamanho compacto dessas pedras, com elas é mais fácil montar uma grade de cristal num espaço menor ou optar por uma grade portátil para levar com você aonde for. (Vamos analisar as grades de cristal com profundidade mais adiante neste livro.)

As pedras roladas também são uma excelente escolha para trabalhos energéticos como o Reiki, pois, quando posicionadas sobre o corpo ou perto dele, elas promovem o fluxo da energia.

Algumas bruxas gostam de meditar segurando pedras roladas na mão ou posicionando-as ao lado ou ao redor do corpo.

Porém, quando decidir usar suas pedras, sempre defina antes uma intenção que esteja de acordo com as propriedades metafísicas do cristal. Isso potencializará todos os aspectos dos seus feitiços e rituais.

As Placas de Carregamento

Depois que você já tiver sua coleção de cristais e utilizá-los regularmente, é hora de adquirir um novo instrumento. Para limpar, carregar e amplificar as propriedades de vários cristais ao mesmo tempo, use uma placa de carregamento.

As placas ou chapas de selenita são uma escolha fantástica! A selenita, uma forma cristalizada de gesso, ao contrário de qualquer outro cristal, não precisa ser limpa ou recarregada, e é capaz de amplificar a energia/vibração dos cristais colocados sobre ela. A alta vibração da selenita é como luz pura. (Certifique-se de manter a selenita seca, pois trata-se de um mineral macio, que pode se desintegrar!)

Dica: Se você usa joias com pedras diariamente, tire-as à noite e coloque-as sobre uma placa de carregamento, para limpar e eliminar qualquer energia negativa que elas possam ter acumulado ao longo do dia.

As Esferas de Cristal

A misteriosa esfera (ou bola) de cristal está presente em muitos filmes da cultura *pop* (*O Labirinto*, *O Mágico de Oz* e *A Pequena Sereia*, para citar alguns). Esse instrumento de adivinhação remonta aos druidas celtas, que a utilizavam na cristalomancia. Acredita-se que a prática de olhar fixamente para uma superfície reflexiva, como a da esfera de cristal (técnica também conhecida como "escriação"), abre a mente subconsciente para receber mensagens do passado, do presente e do futuro.

> CRISTALOMANCIA:
> **A adivinhação por meio da prática de olhar fixamente para uma bola de cristal com o intuito de antever eventos futuros é uma forma de cristalomancia.**

Além de serem usadas na escriação, as belas e lustrosas esferas de cristal são um instrumento maravilhoso para a cura energética, pois emitem energia em todas as direções. O uso desses cristais como pedras angulares (pedras centrais) amplifica a manifestação que você definiu para a sua grade. Durante a meditação, você também pode segurar uma esfera de cristal na mão para entrar mais profundamente em estado meditativo.

Não importa como você vai usar a esfera, o importante é que defina antes a sua intenção para a pedra e perceba a mudança na energia ao seu redor!

"As pedras têm sido usadas por séculos para promover a serenidade e como instrumento para a meditação. Elas podem ser aliadas úteis em nossa busca por calma."

– Amy Leigh Mercree

3

Os Cristais, a Roda do Ano e as Fases da Lua

"A Lua guiará você durante a noite com sua luminosidade, mas ela sempre habitará na escuridão para que seja vista."

– Shannon L. Alder

A Roda do Ano

A Roda do Ano é um calendário sagrado moderno em sintonia com a natureza. Ela celebra as mudanças sazonais e os oito festivais wiccanos principais, conhecidos como sabás. Esses sabás são Yule, Imbolc, Ostara, Beltane, Litha, Lammas/Lughnasadh, Mabon e Samhain. Em culturas antigas, as práticas espirituais estavam associadas às práticas agrícolas. A Roda do Ano neopagã é usada para reviver antigos métodos de conexão com a terra. As bruxas modernas continuam a celebrar cada sabá, mostrando gratidão pela Mãe Terra e por tudo que ela nos proporciona.

O planejamento dos seus rituais de modo que estejam em sintonia com os sabás pode ser uma ótima experiência de aprendizado em seu trabalho mágico com cristais.

Yule/Solstício de Inverno

HEMISFÉRIO NORTE: 19 a 23 de dezembro
HEMISFÉRIO SUL: 21 de junho
ERVAS: Canela, Cravo, Pinho
CRISTAIS CORRESPONDENTES: Quartzo Transparente, Citrino, Esmeralda
CORES: Dourado, Verde, Vermelho, Prateado, Branco, Amarelo

Imbolc

HEMISFÉRIO NORTE: 1º a 2 de fevereiro
HEMISFÉRIO SUL: 1º a 2 de agosto
ERVAS: Camomila, Alecrim, Hamamélis
CRISTAIS CORRESPONDENTES: Turquesa, Ametista e Citrino
CORES: Branco, Rosa, Verde, Amarelo, Marrom, Dourado

Ostara/Equinócio de Primavera

HEMISFÉRIO NORTE: 19 a 23 de março
HEMISFÉRIO SUL: 21 a 23 de setembro
ERVAS: Madressilva, Melissa e Lírio
CRISTAIS CORRESPONDENTES: Quartzo Rosa, Ágata, Jaspe
CORES: Verde, Branco, Amarelo, Tons Pastéis

Beltane/Dia de Maio

HEMISFÉRIO NORTE: 30 de abril e 1º de maio
HEMISFÉRIO SUL: 31 de outubro a 7 de novembro
ERVAS: Dente-de-leão, Prímula, Rosa
CRISTAIS CORRESPONDENTES: Pedra-do-Sol, Malaquita, Quartzo Rosa
CORES: Vermelho, Branco, Cores de Verão

Litha/Solstício de Verão

HEMISFÉRIO NORTE: 19 a 23 de junho
HEMISFÉRIO SUL: 21 a 22 de dezembro
ERVAS: Lavanda, Sálvia, Alecrim
CRISTAIS CORRESPONDENTES: Calcita, Topázio Amarelo, Esmeralda
CORES: Azul, Dourado, Verde, Laranja, Vermelho, Branco, Amarelo

LUGHNASADH/LAMMAS

HEMISFÉRIO NORTE: 1º a 2 de agosto
HEMISFÉRIO SUL: 1º a 4 de fevereiro
ERVAS: Trevo, Manjericão e Hera
CRISTAIS CORRESPONDENTES: Âmbar, Olho-de-Tigre, Peridoto
CORES: Bronze, Marrom, Dourado, Verde, Laranja, Bege, Amarelo

Mabon/Equinócio de Outono

HEMISFÉRIO NORTE: 20 a 24 de setembro
HEMISFÉRIO SUL: 21 de março
ERVAS: Alecrim, Camomila, Sálvia
CRISTAIS CORRESPONDENTES: Safira, Lápis-lazúli, Quartzo
CORES: Marrom, Dourado, Verde, Índigo, Laranja, Vermelho, Violeta, Amarelo

Samhain/Halloween

HEMISFÉRIO NORTE: 31 de outubro e 1º de novembro
HEMISFÉRIO SUL: 30 de abril a 1º de maio
ERVAS: Alho, Sálvia, Canela
CRISTAIS CORRESPONDENTES: Obsidiana, Quartzo Enfumaçado, Ônix
CORES: Preto, Dourado, Laranja, Vermelho, Prateado

"Os sabás são os oito pontos nos quais conectamos os ciclos interior e exterior: os interstícios onde o sazonal, o celestial, o comunitário, o criativo e o pessoal se encontram."

– Starhawk

Como Trabalhar com os Cristais em cada um dos Sabás

YULE: Celebre, neste momento, a energia da noite e o feminino divino. Dê as boas-vindas ao poder do inverno colocando uma obsidiana floco-de-neve no seu altar de Yule. Essa pedra protege contra energias destrutivas e traz clareza mental.

IMBOLC: Combine um ramo de alecrim e uma pedrinha de ametista num sachê e aprimore suas habilidades para a prática da oneiromancia (adivinhação por meio da interpretação dos sonhos), que é mais eficiente nos primeiros raios da manhã.

OSTARA: Cultive seu amor-próprio com um feitiço de autocuidado e uma kunzita, pedra que ajuda a remover bloqueios energéticos e promove a autoconfiança.

BELTANE: A esmeralda é uma pedra do amor, associada ao planeta Vênus. Como Vênus é o planeta regente de Touro (um dos signos de maio), a esmeralda é o cristal perfeito para você usar durante o Beltane. Em suas festividades de Beltane, use joias de esmeralda, adicionando essa pedra ao seu ritual de prosperidade ou representando o elemento Terra no seu pentáculo ritualístico.

LITHA: A cornalina é uma pedra de paixão e vitalidade. Que melhor maneira de convidar a beleza do verão do que usar essa pedra durante sua celebração de Meio de Verão? A cornalina a ajudará a expressar paixão, a equilibrar seu chakra do Sacro e a melhorar suas habilidades de comunicação.

LUGHNASAGH: O poder do peridoto reside em suas habilidades de cura. Essa pedra acalma distúrbios do sistema nervoso, abre a mente e equilibra as emoções. Após a energia intensa do meio do verão, o peridoto pode ajudá-la a se ancorar e a se equilibrar. Faça uma garrafa mágica com o peridoto para que possa levar um pouco de calma com você aonde quer que vá.

MABON: A lazulita é um cristal de prosperidade, sabedoria e previsão do futuro. À medida que avança rumo as estações em que há menos luz, use a lazulita para promover a iluminação e o conhecimento. Se você está começando o ano letivo ou aprendendo algo novo, mantenha a lazulita por perto para facilitar seus estudos e pesquisas.

SAMHAIN: A obsidiana é uma pedra associada ao Hades (Plutão), o Mundo Subterrâneo grego. Esse cristal é útil para proteção e ajuda a romper apegos negativos. Para se conectar com o mundo espiritual, use um espelho de obsidiana para praticar a adivinhação, enquanto o véu entre os mundos está mais tênue.

As Fases da Lua

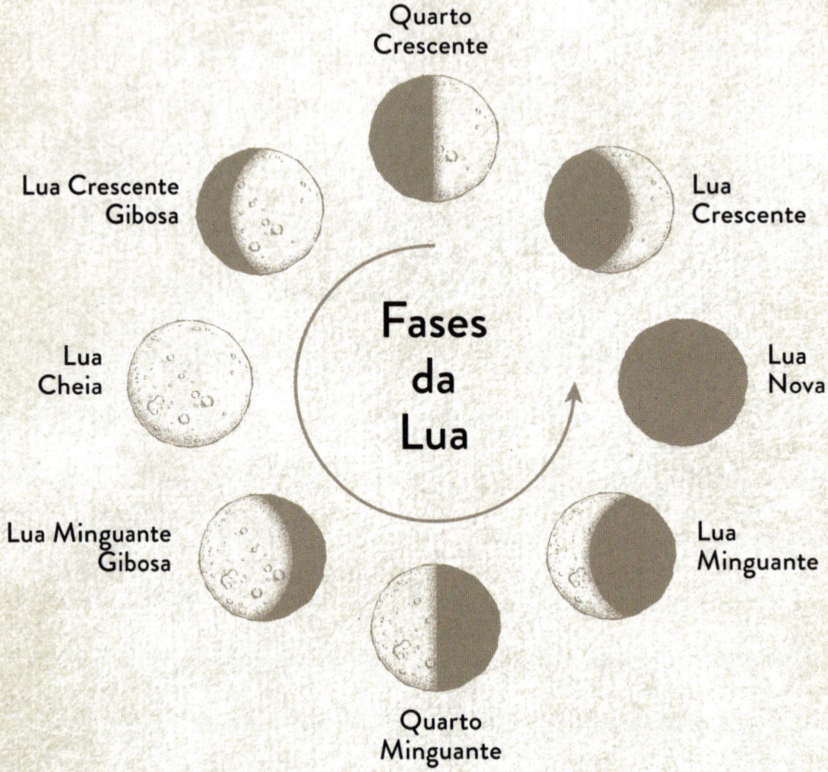

As fases da Lua sempre foram uma parte significativa da bruxaria. Conhecida pela sua associação com a Energia Materna, a Lua tem sido usada com outras forças elementares para potencializar feitiços e rituais de cura. Assim como as estações do ano, em constante mudança, as fases da Lua têm uma influência poderosa sobre nosso corpo físico e nossos estados emocional e espiritual. À medida que a Lua cresce e diminui no céu, o mesmo ocorre com nossos humores e ciclos.

A compreensão das diferentes fases da Lua pode proporcionar a você um conhecimento importantíssimo, caso queira aproveitar a bela energia desse astro na sua prática pessoal. Seja você uma bruxa iniciante ou uma praticante experiente, os cristais de cura e as mudanças cíclicas da Lua podem ajudá-la a extrair todos os benefícios dessas fases lunares para ter mais equilíbrio em sua vida. Embora muitos cristais possam ser adequados para cada fase da Lua, aqui estão algumas sugestões para você começar. Você também pode usar a Planilha da Lua, na página 163, para se orientar.

Lua Nova

A Lua nova significa renascimento e novos começos. Este é um momento excelente para manifestar os desejos do seu coração. Pegue papel e caneta e anote o que você deseja atrair para a sua vida nesta fase da Lua. Não se esqueça de incluir gratidão pelo que você já tem, pois esse é um elemento importante da manifestação. A Lua nova também traz uma excelente oportunidade para praticar o trabalho com a Sombra, que consiste em descobrir e aprender a corrigir os padrões tóxicos ocultos que você demonstra na vida.

LABRADORITA

A pedra da transformação e uma parente próxima da pedra-da-lua, este cristal facilita mudanças na vida e aprimora o poder de manifestação. Com seus reflexos de luz, ela faz um lindo contraponto à escuridão da Lua nova, lembrando-nos do nosso poder mesmo nos momentos mais sombrios.

Lua Crescente

Essa fase da Lua é o momento em que você deve ser proativa. O trabalho em novos projetos e iniciativas terá repercussões no próximo mês. À medida que a Lua cresce e fica mais brilhante, a autorreflexão e a motivação são essenciais. Você já tem o que é necessário dentro de você para alcançar o que quer.

CITRINO

O citrino desperta a sua criatividade, lhe dando confiança para alcançar seus objetivos. A energia de alta vibração dessa pedra solar potencializa o brilho que já existe dentro de você.

Quarto Crescente

Nessa fase, é preciso encarar o que vem restringindo você. Se não perceber o que precisa superar, não poderá continuar a crescer. Continue avançando e recupere seu poder com autoconsciência.

FLUORITA

Uma ótima pedra para impulsionar a tomada de decisões e para aumentar o foco. Ela torna mais claros seus sentimentos mais profundos, para que você possa descobrir o que o seu coração realmente quer.

Lua Crescente Gibosa

Você vai sentir seu progresso e seu ímpeto aumentando durante a Lua crescente gibosa. Se tiver em mente as suas intenções, começará a ver as coisas entrando em seus devidos lugares. Talvez você possa começar a sentir a intensidade da fase iminente da Lua cheia. Não desanime, pois este pode ser o momento de você demonstrar a sua fé e persistência. Tenha paciência.

OLHO-DE-TIGRE

Embora conhecido por ser uma pedra da sorte e da prosperidade, o olho-de-tigre também bloqueia a energia negativa, que pode desviar você dos seus objetivos.

Lua Cheia

Essa fase pode ser muito intensa! Se você já se pegou dizendo: "Deve ser porque é Lua cheia", então já sabe do que estou falando. As emoções estão à flor da pele durante essa fase da Lua. Você pode se sentir sobrecarregada e sem motivação. Este é o momento de liberar e deixar ir o que já não está mais lhe servindo, seja o que for. Quando aprende a redirecionar a abundante energia lunar dessa fase, você pode utilizar esse poder para se recarregar e virar uma nova página.

PEDRA-DA-LUA

A energia suave dessa pedra ajuda você a se equilibrar. As mulheres, principalmente, se beneficiam da intensa energia feminina desse cristal, que também ajuda os homens a se conectarem com suas emoções.

Lua Minguante Gibosa

É hora de cortar os laços com qualquer pessoa ou situação que possa ser tóxica na sua vida. Sejam amigos, maus hábitos ou ligações emocionais, não se trata de egoísmo, mas da necessidade de proteger sua própria energia. Ao se livrar do que a restringe, você poderá começar a ver as possibilidades e as oportunidades para novos começos.

QUARTZO ENFUMAÇADO

Além de ter propriedades que ajudam você a se ancorar, o quartzo enfumaçado também confere mais clareza mental e propicia o rompimento de maus hábitos. Enquanto você avança numa nova direção, essa pedra a protegerá da energia negativa, transmutando-a em energia positiva.

Quarto Minguante

Nessa fase, você vai querer ter clareza sobre os seus objetivos e intenções, e refletir sobre o que é necessário para chegar onde quer. Na fase lunar anterior, você se livrou da energia tóxica ao seu redor, para abrir seus caminhos e poder se concentrar nas suas metas. Este também é um momento de cura emocional. Há alguém que você precise perdoar? Talvez você mesma? Se sentir que seu progresso está desacelerando, recupere o fôlego e lembre-se de que um progresso lento é melhor do que a estagnação.

QUARTZO ROSA

Conhecido como a "pedra do amor", o quartzo rosa é um lembrete entusiasmado e carinhoso de que você precisa dar amor a si mesma, pois você merece ser amada de todo o coração. Uma ótima pedra para a cura emocional.

Lua Minguante

À medida que o fim do ciclo lunar se aproxima, a Lua minguante convida você a se render e a descansar. Comece a desocupar sua mente e/ou espaços. Se você manteve um diário até esse ponto, agora seria um bom momento para recapitular o que escreveu ali e se concentrar em sua jornada até aqui. O que você pode fazer para completar esse ciclo enquanto se prepara para o seguinte?

HELIOTRÓPIO

Essa pedra purificadora lhe dá mais energia e ajuda você a se revitalizar durante esse período tão necessário de descanso.

Rituais Lunares

Não importa em que fase a Lua esteja, você pode planejar um ritual básico para intensificar suas intenções. Comece anotando em seu diário as próximas datas das fases da Lua. Esquematize muito bem o que você gostaria de trabalhar/manifestar/liberar. Anotar por escrito suas intenções pode ajudar a solidificá-las.

Você pode realizar um ritual lunar de várias maneiras. Pode incorporar cristais, velas e ervas ao seu banho. Pode meditar em seu espaço sagrado com os cristais. Pode montar um altar com cristais para refletir sua intenção. O meu altar favorito é ao ar livre, sob a luz da Lua. Mas não há maneira certa ou errada de se fazer um ritual lunar. Essa prática deve ser única e orgânica. Deixe sua intuição guiá-la na direção do que é unicamente seu!

Alguns itens básicos para os seus rituais:

- Cristais (é claro!) de qualquer formato ou tamanho, que correspondam à fase da Lua
- Diário lunar para registrar a sua prática
- Sálvia, palo santo ou incenso para limpar a sua aura
- Flores ou ervas que você queira incorporar ao seu ritual/feitiço
- Sua intenção! A magia está dentro de você (não posso enfatizar isso o suficiente)

"A Lua não luta. Não ataca ninguém. Não se preocupa. Não tenta prejudicar os outros. Ela mantém seu curso, mas, por sua própria natureza, exerce uma suave influência. Que outro corpo poderia puxar um oceano inteiro, de costa a costa? A Lua é fiel à sua natureza e seu poder nunca é diminuído."

– Deng Ming-Dao

Queimar sálvia e outras ervas sagradas (o que é conhecido como defumação) é uma prática usada há séculos por culturas antigas, entre elas a dos nativos americanos. Acredita-se que a defumação limpe o corpo físico e espiritual (ou aura).

O *palo santo*, que significa "madeira sagrada", vem de uma árvore cultivada principalmente na América do Sul. Colhidos de maneira ritualística, esses pedaços de madeira aromática são outra ótima opção para a limpeza espiritual e podem ser usados em conjunto com a sálvia.

4

Os Cristais no seu Espaço Sagrado

Seu espaço sagrado deve ser seu santuário. Às vezes, a energia de um cômodo ou de uma pequena parte da casa pode ficar estagnada e desagradável. O uso de cristais em seu espaço sagrado pode melhorar o fluxo de energia positiva e trazer equilíbrio ao ambiente ao seu redor. Você pode escolher os cristais com base nas suas necessidades e intenções. Por exemplo, o quartzo rosa é usado para canalizar energia amorosa para o seu espaço. Talvez você precise de uma dose extra de amor-próprio ou queira criar um ambiente acolhedor e convidativo. O quartzo rosa seria a sua melhor opção nesse caso.

Às vezes, podemos prestar mais atenção na aparência de um cômodo do que no modo como nos sentimos quando estamos nesse lugar. É aqui que entram em jogo os cristais de cura para o seu espaço sagrado. Vou mostrar maneiras de você usar os cristais para aprimorar e aproveitar sua magia enquanto cria um espaço sagrado energeticamente agradável.

Altares de Cristais

Originalmente, a palavra "altar" significa "estrutura ou lugar elevado que serve como centro para culto ou rituais". Os altares sempre foram importantes na prática espiritual ao longo das eras e em diferentes religiões, como o Catolicismo e o Budismo. Há séculos, as bruxas usam altares com cristais para a cura, para fazer oferendas nos sabás e para outras práticas mágicas. Os altares também são o lugar perfeito para você fazer o seu trabalho mágico, pois podem potencializar feitiços e encantamentos. Algumas bruxas podem optar por trocar os objetos do altar na Lua nova ou cheia, na mudança das estações, a cada mês ou semanalmente. Não há regras sobre a frequência com que você faz alterações no seu altar.

O altar de cristais é projetado para manter as energias das pedras fluindo; ele reflete *você* e o que está em sintonia com a sua intenção.

Seu primeiro altar pode ser simples e barato. O tamanho dele não importa. Inicialmente, você pode escolher onde montar o seu altar, mas saiba que ele deve ficar num espaço tranquilo e reservado. Talvez num jardim, no lugar onde você medita com frequência ou mesmo numa mesa de cabeceira ou mesa lateral. Certifique-se de escolher um local que não vá atrapalhar a circulação. Se tiver crianças pequenas ou animais de estimação, talvez queira encontrar um lugar mais alto para mantê-lo seguro. Lembre-se sempre de fazer uma limpeza energética no espaço antes de montar um novo altar.

Ao montar o seu altar, providencie itens que ressoem com você e com seu propósito ou intenção. Sinta-se à vontade para usar materiais que já possua. Alguns exemplos incluem: fotos, incenso, pêndulos, metais preciosos, bibelôs, moedas, ervas, totens, flores, instrumentos de adivinhação, estátuas, penas, velas, conchas, sinos, runas, objetos que representem os quatro elementos, e, evidentemente, cristais!

Escolha qualquer objeto que impulsione a sua conexão com a energia do universo e que tenha significado para você. Seja minimalista ou extravagante, não há maneira certa ou errada de você montar o seu altar. Confie na sua intuição para guiá-la durante o processo.

Se optar por incluir os quatro elementos no seu altar, um guia rápido a ajudará a começar. Você pode simplesmente representar os elementos coletando itens diretamente da Mãe Terra.

Os Elementos

TERRA
Ancoramento, Estabilidade, Crescimento
Cristais, flores, ervas
Posicione esses itens no canto inferior esquerdo do seu altar.

AR
Intelecto, Comunicação, Criatividade
Penas, sinos, incensos
Posicione esses itens no canto superior esquerdo.

FOGO
Paixão, Força de Vontade, Inspiração
Velas, fósforos, objetos com forma de pirâmide
Posicione esses itens no canto inferior direito do seu altar.

ÁGUA
Emoção, Prazer, Cura
Um recipiente contendo água, conchas, um tronco
Posicione esses itens no canto superior direito.

Se você tem pouco espaço na sua casa ou precisa de uma alternativa ao altar de mesa, monte um altar de tamanho reduzido. Ele deve ser pequeno o suficiente para caber numa bolsa, de modo que possa ser transportado nas férias ou até mesmo para o seu local de trabalho. Outra variação seria um altar suspenso. Suportes de plantas de macramê podem ser bases adoráveis para uma laje de pedra ou um disco de madeira, onde você pode colocar seus cristais e outros objetos pequenos. Cristais rolados funcionam melhor em qualquer uma dessas opções.

Cristais que Você Pode Colocar no seu Altar

ÁGATA (RENDADA AZUL)
CALMA
As suaves camadas azuis desse cristal são perfeitas para promover um ambiente calmo e relaxante.

AMETISTA
TRANQUILIDADE
A ametista ajuda a manter a mente tranquila e focada.

HELIOTRÓPIO

VITALIDADE

Este cristal protege seu portador contra doenças físicas e confere mais vigor.

CORNALINA

CRIATIVIDADE

Esta pedra estimula a criatividade e as emoções alegres, além de manter seus pés no chão ao iniciar um novo projeto.

CITRINO

ABUNDÂNCIA

Também conhecido como a "pedra do dinheiro", o citrino tem a reputação de atrair abundância e prosperidade.

FLUORITA
FOCO

O cristal definitivo para aumentar o foco e estimular o raciocínio, a concentração, a inspiração criativa e a tomada de decisões.

QUARTZO ROSA
AMOR INCONDICIONAL

Esta pedra do amor suaviza o coração e acalma as emoções. Sua energia amorosa faz maravilhas.

QUARTZO ENFUMAÇADO
PROTEÇÃO

O quartzo enfumaçado dispersa as energias negativas e promove o ancoramento.

QUARTZO TRANSPARENTE
CLAREZA MENTAL

Todos nós enfrentamos certa confusão mental às vezes e precisamos de um pouco mais de clareza. Deixe o quartzo transparente desanuviar a sua mente quando você precisar.

OLHO-DE-TIGRE
CONFIANÇA

O olho-de-tigre estimula a coragem, a força interior e a autoconfiança para enfrentar qualquer desafio que surja em seu caminho.

**Consulte o Guia Rápido de Cristais no final deste livro para conhecer outros cristais e suas propriedades metafísicas.*

ANGELITA

CONSCIÊNCIA

Sintonizando você com sua verdade espiritual, a angelita aprofunda sua percepção do seu conteúdo subconsciente.

APOFILITA

MOTIVAÇÃO

Com a capacidade de liberar bloqueios mentais e restaurar sua motivação, a apofilita fortalece sua determinação para concluir tarefas.

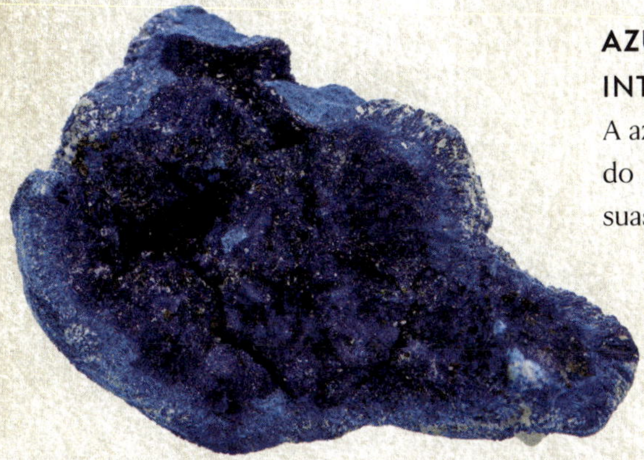

AZURITA
INTUIÇÃO

A azurita aumenta a capacidade do seu Terceiro Olho e aguça suas habilidades psíquicas.

JADE
SORTE

Considerada uma das melhores pedras da sorte, jade convida a felicidade a entrar na sua vida.

LABRADORITA

TRANSFORMAÇÃO

Como a única constante na vida é a mudança, este cristal direcionará você suavemente para mudanças que a beneficiem.

LEPIDOLITA

PAZ

Entregue-se à energia pacífica da lepidolita e à sua influência calmante.

RUBI

PAIXÃO

O rubi acende a sua chama interior, ao mesmo tempo em que impulsiona a sua autoconfiança.

LÁPIS-LAZÚLI

COMUNICAÇÃO

O azul vibrante e profundo desta pedra está associado ao chakra da Garganta, por isso o lápis-lazúli é o cristal ideal para promover a comunicação clara.

Como Montar o Seu Altar

Agora que você já escolheu um local seguro, selecionou os seus cristais e limpou o seu espaço e suas pedras, pode começar a montar o seu altar! Comece segurando cada cristal na mão antes de colocá-lo no altar e repetindo em voz alta uma afirmação positiva que esteja em sintonia com a sua intenção. A disposição dos objetos é inteiramente da sua escolha. Repita esse processo até ter organizado todos os seus cristais da maneira desejada. Depois que tiver posicionado todos eles, adicione os outros itens do seu altar, e tenha em mente a sua intenção ao acrescentar cada um deles.

Como Gradear um Ambiente

"Gradear" um ambiente significa posicionar cristais específicos na sua casa para auxiliar na manifestação de objetivos, na proteção energética e na potencialização do amor, da vitalidade e da abundância no seu ambiente doméstico. A forma e o tamanho dos cristais da grade não importam. Não há necessidade de gastar muito comprando pedras caras. Se você não tiver as mencionadas a seguir, pode usar sua intuição para guiá-la na escolha da pedra que estiver mais de acordo com a intenção que está definindo. O gradeamento da sua casa ou de um cômodo promoverá a cura, a proteção e transmutação das energias negativas.

1º Passo: Limpeza

Primeiro, é recomendável que você faça uma limpeza energética no seu espaço, usando os métodos mencionados anteriormente neste livro. Existem várias razões pelas quais você deve fazer essa limpeza. Tanto as pessoas quanto os acontecimentos deixam impressões energéticas nos lugares. Com um ritual de limpeza, você pode remover qualquer energia estagnada e obter uma "tela limpa" onde definir suas intenções. A limpeza do espaço também é imprescindível depois de discussões, doenças ou mortes na família; no início de um novo empreendimento ou se você estiver sentindo o ambiente pesado.

Recomendo também que você faça uma limpeza física no seu espaço! Com que frequência você deve fazer essa faxina? Fique à vontade para fazê-la sempre que sentir necessidade! Recomendo uma limpeza completa mensalmente. No entanto, essa frequência depende da necessidade do local.

2º Passo: Definição da Intenção

Pare por um instante e estabeleça as suas prioridades antes de gradear o seu espaço. Faça a si mesma as seguintes perguntas:

Que tipo de energia você quer atrair para o seu espaço?

Quais sentimentos você deseja eliminar por sentir que eles já não lhe servem mais?

Que mentalidade você gostaria de passar a cultivar?

Pode haver muitas razões para você gradear um espaço. Fique à vontade para anotá-las por escrito. Depois de definir sua intenção de modo claro e conciso, talvez você queira meditar sobre ela para se conectar com a sua própria energia enquanto visualiza essa intenção. O ato de gradear seu espaço precisa estar em sintonia com a sua mentalidade. Repetir afirmações diárias é uma excelente maneira de você fazer isso.

3º Passo: Escolha dos Cristais

Depois de definir sua intenção, você pode escolher os cristais que considera mais adequados.

QUARTZO ROSA

Promova o amor incondicional na sua vida ou nos seus relacionamentos, colocando um quartzo rosa na sua casa. As vibrações amorosas desta pedra são capazes de combater emoções negativas e substituí-las por amor-próprio e autoconfiança. Ela também é maravilhosa para curar um coração partido. Coloque-a nos quatro cantos do seu quarto; debaixo do travesseiro, antes de dormir; ou na sua mesa de cabeceira.

Afirmação: "Eu me amo até o âmago da minha alma".

TURMALINA

Esta é uma pedra poderosa e protetora, usada para neutralizar energias densas ou pesadas, transmutando-as em energia produtiva e positiva. Posicione a turmalina nos cantos mais distantes do interior ou do exterior da sua casa. Também sugiro manter uma turmalina negra perto de aparelhos eletrônicos, para que a pedra absorva radiações eletromagnéticas ou campos elétricos e magnéticos.

Afirmação: "Que este lar e todos que nele habitam estejam protegidos em todos os momentos".

CITRINO

O citrino é uma pedra indispensável se você deseja atrair abundância para sua vida. Por tradição, ele é usado para atrair o sucesso e favorecer questões financeiras. É um dos cristais mais poderosos para a manifestação. Mas, além de usar o citrino, também convém que você demonstre gratidão pelo que já tem. Isso sintonizará a sua energia com a sua intenção. O citrino deve ser colocado no canto mais distante à esquerda da sua casa, a partir da porta da frente, também conhecido como o "Canto da Riqueza", no Feng Shui.

Afirmação: "Eu mereço riqueza e abundância na minha vida".

SELENITA

A selenita é uma pedra fabulosa para trazer equilíbrio e purificação para a sua vida, afastando energias indesejadas e intrusas. Este belo cristal translúcido é perfeito para você manter em qualquer ambiente, pois ele promove uma atmosfera tranquila. Você pode pendurá-lo nas portas ou na parede sobre a moldura das portas, para limpar a energia que entra e sai da sua casa. Pedras pequenas em forma de bastão ou varinha são ideais para esse local, pois são mais discretas. As soleiras das janelas são outra ótima opção.

Sempre tome cuidado para não molhar a selenita, pois trata-se de um mineral macio, que se desintegra ao entrar em contato com líquidos.

Afirmação: "Que esta casa seja preenchida de luz e positividade".

QUARTZO TRANSPARENTE

O quartzo transparente é uma pedra que favorece tanto a decoração quanto o equilíbrio energético da casa. Uma das características do quartzo transparente é a capacidade que essa pedra tem de purificar a energia ao seu redor, o que faz dele um cristal maravilhoso para se usar em casa. Você pode posicionar o quartzo transparente no local onde sentir mais necessidade. Confie na sua intuição ao fazer isso.

Afirmação: "Este espaço está purificado, e a energia positiva flui por todos os lugares".

AMETISTA

A ametista, uma variedade roxa de quartzo, é conhecida por ajudar a acalmar as emoções, expandir a percepção e a promover estados superiores de consciência. Esta pedra é um santo remédio se você estiver enfrentando um período de estresse ou luto. Também é maravilhosa quando combinada com a selenita. Para aqueles que têm insônia ou demoram a dormir, o ideal é manter uma ametista ao lado da cama, para ter uma boa noite de sono.

Afirmação: "Estou tranquila e confio na minha intuição".

Grades de Cristais

As grades de cristais utilizam símbolos da geometria sagrada para ampliar a energia da sua intenção. Assim como você fez ao montar seu altar, escolha cristais específicos com base no objetivo da sua grade para potencializar o resultado desejado. As grades de cristais funcionam como um padrão vibracional capaz de alterar a vibração energética de pessoas e lugares.

As grades de cristais podem ser usadas para a autocura ou para irradiar vibrações positivas para outras pessoas. Elas equilibram a energia em locais de circulação intensa de pessoas, o que faz delas a opção ideal para você deixar sobre a sua mesa de trabalho ou em qualquer espaço muito frequentado.

Cristais dispostos num formato geométrico ajudam a direcionar o fluxo de energia para a sua intenção. A Semente da Vida e a Flor da Vida são duas grades geométricas muito usadas, cujos padrões visuais energéticos têm um significado espiritual. Na internet, você encontra *sites* com modelos de grades que pode imprimir. Embora a cópia física de um desenho sagrado não seja essencial para você montar uma grade, é recomendável que tenha uma compreensão básica dos diferentes padrões e como eles podem ajudar no seu trabalho energético.

Veja a seguir algumas utilizações mais comuns das grades de cristais.

- Manifestação
- Autocura
- Cura a distância
- Proteção
- Bem-estar espiritual
- Carregamento e ativação de cristais
- Fluxo de energia positiva no lar
- Equilíbrio energético do seu espaço
- Superação do medo
- Controle das emoções
- Aumento da coragem
- Cura de um coração partido
- Bênção para a casa

Grades Geométricas Sagradas e como Você pode Usá-las

Flor da Vida

"O UNIVERSO"

A Flor da Vida, a "mestra da geometria sagrada", representa o ciclo da criação. Essa forma poderosa é constituída de dezenove círculos de proporções iguais, sobrepostos e interconectados. O círculo no meio representa a fonte única da qual se origina toda a vida. Alguns acreditam que essa forma encerra os segredos e padrões do nosso universo mágico. Muito utilizada no Reiki, a Flor da Vida é uma forma geométrica versátil que pode propiciar um ambiente calmo e pacífico.

SUGESTÕES DE CRISTAIS: Selenita, Turmalina, Aventurina Verde.

Semente da Vida

"CRIAÇÃO"

Composta por sete círculos sobrepostos, a Semente da Vida simboliza a criação. Na geometria sagrada, os círculos representam ciclos. Sementes são a base da vida, e essa grade servirá como um lembrete do fluxo de energia através do universo. Essa é a forma ideal para se usar durante um período de transformação e novos começos.

SUGESTÕES DE CRISTAIS: Labradorita, Lápis-lazúli, Quartzo Transparente.

Cubo de Metatron

"ESPIRITUALIDADE"

Essa forma tem o nome do arcanjo Metatron, o anjo da vida. Trata-se de um padrão inconfundível, que simboliza os padrões subjacentes do universo e supostamente contém todas as formas e padrões que existem nele. Acredita-se que os círculos do Cubo de Metatron simbolizem também o feminino, enquanto as linhas retas representem o masculino. Quando precisar de equilíbrio e harmonia, o Cubo de Metatron é a sua melhor escolha entre as grades de cristais.

SUGESTÕES DE CRISTAIS: Quartzo Rutilado, Selenita, Angelita, Celestita.

Sri Yantra

"CLAREZA"

O Sri Yantra, uma forma que consiste em nove triângulos entrelaçados, originou-se no Hinduísmo e é o símbolo dos deuses e deusas da cultura hindu. Com sua estrutura bela e intricada, essa forma faz maravilhas para a meditação. Por ter como fonte uma energia suprema, essa grade é excelente para conferir iluminação e estabilidade mental.

SUGESTÕES DE CRISTAIS: Quartzo Rosa, Quartzo Transparente, Selenita.

Hexagrama Infinito

"EQUILÍBRIO"

Composta de três conjuntos de hexagramas de seis pontas encerrados num círculo, essa grade ajuda a restaurar o equilíbrio energético, ao mesmo tempo que promove o crescimento e a mudança. Uma grade poderosa para rejuvenescer o corpo, a mente e o espírito. É frequentemente usada para facilitar a conexão com as multidimensões da consciência.

SUGESTÕES DE CRISTAIS: Moldavita, Vidro do Deserto da Líbia, Hematita, Quartzo Transparente.

Explosão Solar

"REJUVENESCIMENTO"

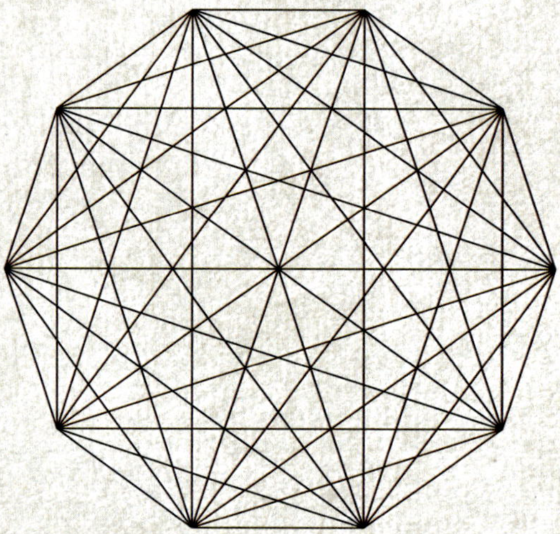

Assim como os raios brilhantes do Sol, a grade da Explosão Solar irradia energia positiva. É altamente revitalizante e pode ajudar a equilibrar todos os chakras por meio dos cristais associados a eles. Uma excelente escolha para quem trabalha com cura a distância e Reiki.

SUGESTÕES DE CRISTAIS: Pedra-do-Sol, Citrino, Cornalina.

> Existem muitos modelos de grade diferentes para você escolher na internet ou na loja de cristais do seu bairro ou cidade. Modelos de grades desenhados em tecidos são uma opção versátil, pois podem ser dobrados e transportados com discrição.

Merkabá

"ESTABILIDADE"

A palavra "Merkabá", quando decomposta, significa Luz (Mer), Espírito (Ka), Corpo (Bá). O símbolo do Merkabá é uma forma geométrica que reproduz o campo de energia humana e é composta de dois tetraedros interseccionados, um apontando para baixo e o outro, para cima. Essa forma atua como um ativador espiritual e é usada para promover equilíbrio, poder, proteção e iluminação espiritual.

SUGESTÕES DE CRISTAIS: Ametista, Quartzo Transparente, Fluorita.

É você quem decide como quer utilizar as grades. Os desenhos básicos de mandalas ou qualquer outro desenho simétrico são ótimas opções para começar. Uma grade simples, mas eficaz, pode ser composta por cinco cristais. Cada cristal representa um ponto cardeal: Norte, Sul, Leste e Oeste. Pontas de quartzo são recomendadas para direcionar a energia; no entanto, você pode usar pedras semelhantes que lhe agradem. Seu cristal central é seu cristal mestre. Esse é o cristal que representa a intenção da sua grade. Certifique-se de se concentrar na intenção da sua grade.

Como Criar a sua Grade

Antes de montar a sua grade, siga as etapas mencionadas na seção sobre os altares de cristais. Sinta-se à vontade para usar também a Planilha da Grade de Cristais da página 162.

1º PASSO: LIMPEZA DO SEU ESPAÇO – Sempre faça uma limpeza energética para eliminar a energia densa antes de começar algo novo.

2º PASSO: DEFINA A SUA INTENÇÃO – Anote sua intenção numa folha de papel e coloque-a no centro da grade ou tenha sua intenção em mente ao montar a grade.

3º PASSO: ESCOLHA E PROGRAME OS SEUS CRISTAIS – Você pode escolher os cristais da sua grade intuitivamente ou pode fazer uma pesquisa para saber quais apoiam o seu propósito.

Depois de realizar os três passos mencionados acima, você estará pronta para montar sua grade de cristal.

Mantendo sua intenção em mente, comece a partir dos cristais externos. Trabalhe em direção ao centro e coloque o cristal mestre por último. Em seguida, você vai ativar sua grade. Você pode fazer isso usando o dedo ou um cristal de quartzo para traçar uma linha que passe por todos os cristais, como se estivesse conectando os pontos. Outra maneira de ativar a grade é se sentar em silêncio e meditar, enquanto visualiza suas intenções.

Dicas

- Monte sua grade num lugar onde ninguém irá tocá-la. Ela precisa se manter intacta por alguns dias ou semanas. Siga sua intuição para escolher o melhor lugar para montá-la e o melhor momento de desmontá-la.

- Outra maneira de utilizar cristais em seu espaço sagrado é colocá-los dentro ou ao redor dos seus vasos de plantas, seja na superfície da terra ou perto das raízes. Suas plantas manterão os cristais supercarregados, devido à sua capacidade de ancoramento, e os cristais beneficiarão a saúde geral da planta. A ágata-musgo, conhecida como "a pedra do jardineiro", faz maravilhas com qualquer planta ou jardim. Outros cristais que vão bem junto às plantas são a pedra-da-lua, o citrino, a calcita, o quartzo transparente e o olho-de-tigre.

5

Os Cristais nos Trabalhos de Magia

Os cristais servem como poderosos condutores de energia nos trabalhos mágicos. Você pode usá-los em qualquer feitiço que já faça parte do seu arsenal ou que pretende criar! Como sabemos, os cristais amplificam a energia ao nosso redor e têm o seu próprio campo de energia. Isso faz deles recursos versáteis para serem usados em qualquer feitiço ou intenção.

O uso dos cristais em trabalhos de magia é ilimitado e, quanto mais você estudar suas propriedades mágicas, mais confortável se sentirá para ser criativa ao usá-los! O quartzo transparente é um ótimo ponto de partida, pois esse cristal é muito parecido com o alecrim: pode ser usado como substituto para qualquer outra pedra e não prejudica seu trabalho nem nega suas intenções de forma alguma.

Um dos feitiços mais comuns é o usado para banir entidades indesejadas ou liberar energias opressoras.

Usei cristais num feitiço de maneira bem criativa na ocasião em que me pediram para banir uma entidade parasitária que estava se alimentando da energia de uma pessoa. Desenhei meu pentagrama com sigilos, abençoei minha vela e selecionei dois cristais de quartzo transparente. O quartzo transparente é um dos meus favoritos devido à sua versatilidade e poder de amplificar a energia. Coloquei um quartzo transparente masculino no canto superior direito do meu pentagrama e um quartzo leitoso feminino no canto superior esquerdo. Minha intuição me dizia que o equilíbrio entre a energia divina masculina e a feminina seria importante nesse feitiço.

SIGILO: O termo "sigilo" vem da palavra latina "sigillum", que significa "pequeno selo", "sinal" e "marca". Sua definição se assemelha à da palavra grega "gramma" e a da palavra proto germânica "runir". Os sigilos são sinais ou selos usados para amplificar a magia por meio do poder da palavra escrita. Você pode criar um sigilo a partir de letras ou caracteres já existentes ou desenvolver seus próprios sinais.

Às vezes, somos levadas a usar certas configurações e disposições, mesmo sem nunca ter lido ou ouvido falar a respeito delas antes; nesses casos, é preciso ter uma intuição bem treinada em trabalhos mágicos. O simbolismo é importante e devemos estudar nossas correspondências, mas, depois de adquirir esse conhecimento, podemos usar nossa criatividade. O quartzo transparente funcionou especialmente bem nesse meu feitiço de banimento e eu usaria essa técnica novamente e a recomendaria a outras bruxas. Sinta-se à vontade para incorporar essa técnica ao seu arsenal e adaptá-la conforme suas necessidades.

LEMBRETE: Sempre desenhe um círculo mágico ao chamar divindades, lançar feitiços de banimento ou realizar qualquer feitiço em que sinta que precisará de proteção. Em caso de dúvida, desenhe um círculo.

O Que são Cristais "Masculinos" e "Femininos"?

No trabalho com grades de cristais, usam-se cristais "masculinos" e "femininos", e cada um deles é usado conforme sua ressonância. A maioria dos cristais masculinos (se não todos) são transparentes e é possível ver facilmente através deles. Os cristais femininos têm uma superfície turva e, muitas vezes, parecem vidro fosco. Eles são considerados "masculinos" e "femininos" devido às suas correspondências divinas masculinas e femininas.

Como Abençoar um Cristal Para a Cura

MATERIAIS

- Labradorita
- Isqueiro
- Vela branca comum ou vela flutuante branca
- Sigilo de cura
- Água da Lua cheia (opcional)

Primeiro, crie um sigilo de cura com base na Roda do Ano (para isso, use os simbolismos de renovação e vitalidade associados a cada sabá da Roda) ou crie seus próprios símbolos ou letras. Em seguida, inscreva esse sigilo na vela usando um alfinete ou palito e reserve-a. Se optar por incorporar a Água da Lua cheia ao seu feitiço, despeje cerca de uma xícara dessa água numa tigela e abençoe-a, traçando um pentagrama no ar sobre a tigela e imaginando o pentagrama brilhando num tom azul neon.

Repita as seguintes palavras: "*Eu abençoo esta Água da Lua com energia de cura. Que ela purifique o meu cristal e amplifique suas propriedades de cura*". Agora, coloque sua água abençoada no lado oeste do altar, que deve estar voltado para o leste. Você já está pronta para iniciar o feitiço.

Pegue sua labradorita e coloque-a dentro da tigela de água. Você pode repetir as seguintes palavras: "*Coloco meu cristal nesta água abençoada para que ele seja purificado e carregado com energia de cura*", ou usar outra invocação da sua preferência. Agora que o cristal foi purificado pela água, ele deve ser purificado pelo fogo. Trace um pentagrama no ar sobre a vela, depois trace as linhas do sigilo e imagine-as brilhando em vermelho, como brasas incandescentes, enquanto você repete: "*Carrego agora este sigilo e ativo suas propriedades de cura. Que ele carregue meu cristal e amplifique suas propriedades de cura*".

Depois que seu sigilo estiver carregado, você pode acender a vela e segurar o cristal sobre a chama (tomando cuidado para não se queimar). Observe como a energia flui, e a energia que seu cristal irradia enquanto está sendo carregado. Agora você pode colocar seu cristal perto da vela e deixar que ela queime até se extinguir.

LEMBRETE: Nunca deixe uma vela acesa sem supervisão. Não há problema em apagar uma vela e acendê-la novamente um outro dia para dar continuidade ao trabalho energético.

Feitiços

Os feitiços a seguir foram projetados tanto para bruxas iniciantes quanto para as mais experientes. Você pode adaptá-los conforme julgar adequado, com base na sua prática, e criar uma magia única. Ao lançar feitiços, sua intenção é tão importante para o seu sucesso quanto suas crenças. Certifique-se de definir uma intenção clara. A visualização também é um componente-chave. Antes de começar, providencie um espaço tranquilo, onde possa refletir e se concentrar em sua prática mágica. Use o modelo de Planilha de Feitiço da página 164, para ajudá-la a lançar feitiços.

FEITIÇO DOS SONHOS

O trabalho com sonhos requer prática e uma exploração profunda do seu eu interior. À medida que você começa a entrar em sintonia com sua mente subconsciente e aprende a interpretar seus sonhos, este feitiço simples pode ajudar.

MATERIAIS

- Artemísia desidratada
- Louro
- Lavanda
- Cristal: Ametista

Afirmação: "Estou ficando mais consciente das mensagens transmitidas nos meus sonhos".

1. Tome um banho de imersão e adicione as ervas e a ametista à água do banho. Enquanto você relaxa, concentre-se na intenção de sonhar e lembrar desses sonhos.
2. Visualize um sonho específico que você gostaria de ter ou deixe que sua sabedoria interior seja expressa em seu estado onírico.
3. Ao terminar o banho, tire a ametista da água e coloque-a embaixo do seu travesseiro.
4. Mantenha um diário em sua mesa de cabeceira para anotar quaisquer sonhos que lhe ocorrerem durante a noite.

FEITIÇO DA VITALIDADE

Uma maneira maravilhosa de impulsionar seu processo de cura ou manter a saúde é lançar um feitiço da vitalidade. Ele pode ser feito para você mesma ou para familiares e amigos que precisem de cura. Adapte este feitiço ao problema que precisa de atenção específica, seja emocional ou físico.

1. Acenda a vela.

2. Coloque o alecrim, a folha de louro, a hortelã, o sal e o cristal dentro do frasco na ordem que preferir.

3. Feche o frasco e despeje uma pequena quantidade de cera sobre a tampa. Pressione o seu polegar sobre a cera (se o feitiço de vitalidade for para você), para que sua impressão fique ali.

4. Mantenha o frasco do feitiço por perto ou segure-o quando sentir necessidade de cura. Você também pode usar um saquinho ou sachê para conter os ingredientes, se desejar carregá-lo com você, e dispensar o selamento com cera. Se for lançar o feitiço para outras pessoas, você pode criar algo semelhante e presenteá-las.

Afirmação: "Estou pronta para ser saudável."

MATERIAIS

- Um frasco pequeno com tampa
- Cera
- Vela branca
- Fósforos ou isqueiro
- Sal
- Alecrim
- Folha de louro
- Hortelã
- Cristal: Heliotrópio

FEITIÇO DE PROTEÇÃO

O sentimento de insegurança pode drenar sua energia e fazer você se sentir vulnerável às forças negativas ao seu redor. Quando protege a sua energia, você consegue agir e pensar com mais clareza. Este feitiço pode ser lançado em qualquer lugar e sempre que você sentir a necessidade de aumentar suas defesas.

MATERIAL

- Cristal: Turmalina

1. Respire fundo algumas vezes para relaxar.

2. Comece a visualizar um escudo de energia ao redor de todo o seu corpo, composto por espelhos com o lado reflexivo voltado para fora. Isso irá desviar a energia negativa para longe de você.

3. Defina a intenção de apenas permitir a entrada de positividade e amor.

4. Carregue a turmalina no bolso para amplificar as vibrações protetoras. Se preferir, em vez dos espelhos, você também pode visualizar algum tipo de barreira impermeável ao seu redor. Algumas pessoas também invocam seu animal espiritual para protegê-las.

Afirmação: "Estou divinamente protegida em tudo o que faço".

FEITIÇO DO AMOR-PRÓPRIO

A prática do amor-próprio ajuda a fazer com que tudo na sua vida se encaixe. Esse sentimento eleva sua vibração pessoal e atrai o que você realmente deseja.

1 Escreva no papel afirmações positivas sobre si mesma ou o que você gostaria de trabalhar em relação ao amor-próprio.

2 Espalhe as pétalas de rosa e a lavanda sobre o papel, depois dobre-o cuidadosamente para que as ervas não caiam. Amarre a folha com o barbante.

3 Acenda a vela e comece a meditar sobre a sua intenção, enquanto segura o cristal na palma da mão. Se preferir, deite-se e coloque o cristal sobre o chakra do Coração.

4 Assim que terminar a meditação, apague a vela e, em seguida, coloque o cristal em cima do papel dobrado, com segurança. Sinta-se à vontade para repetir o feitiço quando achar necessário.

Afirmação: "Ser eu mesma é o que basta".

LEMBRETE: Nunca deixe uma vela acesa sem supervisão. Não há problema em apagar uma vela e acendê-la novamente um outro dia para dar continuidade ao trabalho energético.

MATERIAIS

- Caneta e papel
- Vela cor-de-rosa ou vermelha
- Fósforos ou isqueiro
- Barbante
- Pétalas de rosa
- Lavanda
- Cristais: Quartzo Rosa ou Kunzita

"Seja no oceano, numa pedra, numa pedra preciosa ou em você mesma, a energia do universo permeia tudo."

– Sarah Bartlett

FEITIÇO DA PROSPERIDADE

Quer você esteja buscando aumentar a sua sorte ou tenha outra intenção específica em mente, o feitiço da prosperidade pode atrair coisas boas para a sua vida. O universo age com base em vibrações e repetição. Para atrair prosperidade, você também precisa demonstrar gratidão pelo que já possui e acreditar que o que está manifestando já é seu.

MATERIAIS

- Caneta e papel
- Vela verde
- Fósforos ou isqueiro
- Um copo com água potável
- Cristal: Citrino

1. Pegue o citrino e o coloque dentro do copo com água. É você quem decide quanto tempo deixar o cristal na água para infundi-la com as propriedades da pedra. Você pode deixá-lo ali por alguns minutos ou até mesmo a noite toda.

2. No papel, resuma numa palavra o que você quer manifestar na sua vida em relação à prosperidade.

3. Acenda a vela e reserve alguns momentos para visualizar sobre o que escreveu e meditar a respeito. Sinta como se já tivesse conseguido o que quer.

4. Retire o citrino do copo e beba a água infundida com as propriedades do cristal.

5. Carregue o citrino com você e continue visualizando sua intenção diariamente.

Afirmação: "Sou grata por tudo o que tenho e por tudo o que está vindo para mim".

FEITIÇO PARA A LIMPEZA DA AURA

Com o passar do tempo, a sua aura pode ficar carregada devido ao estresse do dia a dia. Este feitiço pode eliminar a energia negativa impregnada na sua aura e restituir seu equilíbrio energético.

MATERIAIS

- Papel e caneta
- Vela branca
- Fósforos ou isqueiro
- Feixe de sálvia
- Recipiente à prova de fogo
- Cristal: Selenita

1. Faça uma lista de todo tipo de negatividade que você deseja eliminar da sua vida. Essa lista pode incluir sentimentos em relação a uma pessoa ou lugar, emoções negativas ou qualquer situação que não esteja mais lhe beneficiando.

2. Acenda o feixe de sálvia e comece a se limpar com a fumaça da sálvia, como se estivesse limpando um objeto.

3. Pegue seu cristal de selenita e passe-o da cabeça aos pés, começando pelo chakra da Coroa (ligeiramente acima da cabeça) e percorrendo todos os chakras até o chakra da Raiz. Você pode repetir esse movimento quantas vezes achar necessário.

4. Acenda a vela. Com os olhos fixos na chama, respire fundo três vezes e solte o ar. Com o olho da mente, imagine tudo que há de negativo na sua aura se desprendendo de você e começando a se elevar no ar e se dissipando. Continue respirando enquanto faz isso até se sentir mais leve e centrada.

5. Quando terminar, queime o papel num recipiente à prova de fogo.

Afirmação: "Agora estou livre de qualquer energia que não me serve mais".

6

Guia Rápido de Cristais

Este guia tem como objetivo fornecer informações básicas sobre alguns dos cristais mais utilizados pelas bruxas em suas práticas rituais. Se um cristal específico e suas associações não ressoarem com você, sinta-se à vontade para escolher outra pedra que chame a sua atenção.

*A escala de Mohs é uma ferramenta útil para determinar a resistência ou dureza dos seus cristais. Consulte a página 24.

Por favor, pesquise este guia antes de preparar ou beber qualquer água infundida com cristais. Alguns cristais são considerados mais seguros em sua forma rolada do que em sua forma bruta. Se ainda se sentir insegura sobre qual cristal usar, você pode usar o método indireto alternativo colocando os cristais num recipiente de vidro sem líquido e submergindo esse recipiente em outro maior, com água. Os cristais a seguir são seguros para o método de infusão direta: ametista, obsidiana negra, cornalina, citrino, quartzo transparente, quartzo rosa, quartzo rutilado e quartzo enfumaçado.

Ametista

ELEMENTO: Ar
PLANETA: Urano
DUREZA: 7
À PROVA D'ÁGUA: Sim
SIGNO: Aquário
CHAKRAS: Terceiro Olho, Coroa
PROPRIEDADES METAFÍSICAS:
Sabedoria, Intuição, Calma

Apofilita

ELEMENTO: Ar
PLANETA: Vênus
DUREZA: 7
À PROVA D'ÁGUA: Não
SIGNO: Libra
CHAKRA: Terceiro Olho
PROPRIEDADES METAFÍSICAS:
Recuperação, Vitalidade, Espiritualidade

AMAZONITA

ELEMENTO: Ar
PLANETA: Mercúrio
DUREZA: 6-6.5
À PROVA D'ÁGUA: Sim
SIGNOS: Gêmeos, Virgem
CHAKRA: Garganta
PROPRIEDADES METAFÍSICAS:
Coragem, Comunicação, Equilíbrio

ÁGATA

ELEMENTO: Fogo
PLANETA: Júpiter
DUREZA: 6.5-7
À PROVA D'ÁGUA: Sim
SIGNO: Gêmeos
CHAKRAS: Todos
PROPRIEDADES METAFÍSICAS:
Ancoramento, Harmonia, Confiança

Apatita

ELEMENTO: Terra
PLANETA: Mercúrio
DUREZA: 5
À PROVA D'ÁGUA: Sim
SIGNO: Virgem
CHAKRA: Garganta
PROPRIEDADES METAFÍSICAS:
Comunicação, Motivação, Autoaceitação

Água-Marinha

ELEMENTOS: Ar, Água
PLANETA: Urano
DUREZA: 7.5-8
À PROVA D'ÁGUA: Sim
SIGNOS: Aquário, Peixes
CHAKRA: Garganta
PROPRIEDADES METAFÍSICAS:
Felicidade, Calma, Força Interior

ÂMBAR

ELEMENTOS: Fogo, Água
PLANETAS: Mercúrio, Sol
DUREZA: 2-2.5
À PROVA D'ÁGUA: Sim
SIGNOS: Gêmeos, Leão
CHAKRA: Plexo Solar
PROPRIEDADES METAFÍSICAS:
Coragem, Proteção Psíquica, Sensualidade

ANGELITA

ELEMENTOS: Ar, Água
PLANETAS: Netuno, Urano
DUREZA: 3.5
À PROVA D'ÁGUA: Não
SIGNOS: Aquário, Peixes
CHAKRA: Garganta
PROPRIEDADES METAFÍSICAS:
Conexão Divina, Comunicação, Calma

Aventurina

ELEMENTOS: Terra, Água
PLANETAS: Terra, Netuno
DUREZA: 6.5-7
À PROVA D'ÁGUA: Sim
SIGNOS: Capricórnio, Peixes
CHAKRA: Coração
PROPRIEDADES METAFÍSICAS:
Prosperidade, Alegria, Abundância

Aragonita

ELEMENTO: Água
PLANETA: Peixes
DUREZA: 3.5-4
À PROVA D'ÁGUA: Não
SIGNO: Peixes
CHAKRA: Sacro
PROPRIEDADES METAFÍSICAS:
Criatividade, Energia, Estabilidade

Heliotrópio

ELEMENTO: Água
PLANETA: Lua
DUREZA: 6.5-7
À PROVA D'ÁGUA: Sim
SIGNO: Câncer
CHAKRAS: Sacro, Raiz
PROPRIEDADES METAFÍSICAS:
Motivação, Força, Resiliência

Bismuto

ELEMENTO: Terra
PLANETA: Vênus
DUREZA: 2-2.5
À PROVA D'ÁGUA: Não
SIGNO: Touro
CHAKRAS: Todos
PROPRIEDADES METAFÍSICAS:
Transformação, Foco, Coragem

Pedra-da-Lua Negra

ELEMENTO: Água
PLANETA: Lua
DUREZA: 6-6.5
À PROVA D'ÁGUA: Sim
SIGNO: Câncer
CHAKRA: Coroa
PROPRIEDADES METAFÍSICAS:
Fertilidade, Proteção, Esperança

Calcita

ELEMENTO: Água
PLANETA: Lua
DUREZA: 3
À PROVA D'ÁGUA: Sim
SIGNOS: Áries, Câncer
CHAKRAS: Coroa, Terceiro Olho, Plexo Solar
PROPRIEDADES METAFÍSICAS:
Clareza, Purificação, Cura

Cornalina

ELEMENTO: Fogo
PLANETAS: Marte, Sol
DUREZA: 6-7
À PROVA D'ÁGUA: Sim
SIGNOS: Leão, Virgem
CHAKRA: Sacro
PROPRIEDADES METAFÍSICAS:
Criatividade, Motivação, Confiança

Citrino

ELEMENTO: Fogo
PLANETA: Sol
DUREZA: 7
À PROVA D'ÁGUA: Sim
SIGNO: Leão
CHAKRA: Plexo Solar
PROPRIEDADES METAFÍSICAS:
Confiança, Abundância, Felicidade

Celestita

ELEMENTO: Água
PLANETAS: Netuno, Vênus
DUREZA: 3-3.5
À PROVA D'ÁGUA: Não
SIGNO: Libra
CHAKRAS: Terceiro Olho, Coroa
PROPRIEDADES METAFÍSICAS:
Consciência Superior, Sabedoria, Sonhos Lúcidos

Caroíta

ELEMENTO: Água
PLANETAS: Netuno, Plutão
DUREZA: 5-6
À PROVA D'ÁGUA: Sim
SIGNO: Aquário
CHAKRAS: Coroa, Terceiro Olho
PROPRIEDADES METAFÍSICAS:
Intuição, Transformação Espiritual, Orientação Divina

Crisocola

ELEMENTO: Terra
PLANETA: Terra
DUREZA: 2.5-3.5
À PROVA D'ÁGUA: Não
SIGNO: Libra
CHAKRAS: Garganta, Coração
PROPRIEDADES METAFÍSICAS:
Amor Incondicional, Aumento do Poder Pessoal, Comunicação

Calcedônia

ELEMENTO: Água
PLANETA: Vênus
DUREZA: 6-7
À PROVA D'ÁGUA: Sim
SIGNOS: Aquário, Libra
CHAKRAS: Coroa, Terceiro Olho, Garganta
PROPRIEDADES METAFÍSICAS:
Calma, Compaixão, Equilíbrio

Crisoprásio

ELEMENTO: Água
PLANETA: Netuno
DUREZA: 6-7
À PROVA D'ÁGUA: Sim
SIGNO: Peixes
CHAKRA: Coração
PROPRIEDADES METAFÍSICAS:
Autoestima, Confiança, Amor-próprio

Cobre

ELEMENTO: Ar
PLANETA: Vênus
DUREZA: 3
À PROVA D'ÁGUA: Sim
SIGNOS: Gêmeos, Escorpião
CHAKRAS: Plexo Solar, Sacro
PROPRIEDADES METAFÍSICAS:
Ancoramento, Desejo, Condutor de Energia

DANBURITA

ELEMENTO: Ar
PLANETA: Vênus
DUREZA: 6
À PROVA D'ÁGUA: Sim
SIGNO: Libra
CHAKRAS: Coroa, Terceiro Olho, Coração
PROPRIEDADES METAFÍSICAS:
Harmonia, Felicidade, Calma

DIAMANTE

ELEMENTO: Terra
PLANETA: Vênus
DUREZA: 10
À PROVA D'ÁGUA: Sim
SIGNO: Áries
CHAKRA: Coroa
PROPRIEDADES METAFÍSICAS:
Destemor, Fortaleza, Poder Interior

DIOPTÁSIO

ELEMENTO: Terra
PLANETAS: Vênus, Saturno
DUREZA: 5
À PROVA D'ÁGUA: Não
SIGNOS: Capricórnio, Virgem
CHAKRA: Coração
PROPRIEDADES METAFÍSICAS:
Amor, Perdão, Compaixão

DUMORTIERITA

ELEMENTO: Terra
PLANETA: Júpiter
DUREZA: 7-8.5
À PROVA D'ÁGUA: Sim
SIGNO: Sagitário
CHAKRAS: Garganta, Terceiro Olho
PROPRIEDADES METAFÍSICAS:
Harmonia, Paz, Intuição

Esmeralda

ELEMENTO: Água
PLANETA: Vênus
DUREZA: 7.5-8
À PROVA D'ÁGUA: Sim
SIGNOS: Touro, Gêmeos
CHAKRA: Coração
PROPRIEDADES METAFÍSICAS:
Sucesso, Sabedoria, Amor

Epidoto

ELEMENTO: Ar
PLANETA: Mercúrio
DUREZA: 6-7
À PROVA D'ÁGUA: Sim
SIGNO: Capricórnio
CHAKRA: Coração
PROPRIEDADES METAFÍSICAS:
Crescimento Espiritual, Sonhos Lúcidos, Cura

FLUORITA

ELEMENTO: Água
PLANETA: Mercúrio
DUREZA: 4
À PROVA D'ÁGUA: Não
SIGNOS: Gêmeos, Aquário
CHAKRAS: Coroa, Terceiro Olho
PROPRIEDADES METAFÍSICAS:
Foco, Tomada de Decisões, Introvisão

FUCHSITA

ELEMENTOS: Água e Ar
PLANETA: Vênus
DUREZA: 2-3
À PROVA D'ÁGUA: Não
SIGNO: Libra
CHAKRAS: Garganta, Coração
PROPRIEDADES METAFÍSICAS:
Cura, Equilíbrio, Desintoxicação

GALENA

ELEMENTO: Ar
PLANETA: Urano
DUREZA: 2.5
À PROVA D'ÁGUA: Não
SIGNO: Aquário
CHAKRA: Raiz
PROPRIEDADES METAFÍSICAS:
Compaixão, Amor, Harmonia

GRANADA

ELEMENTO: Fogo
PLANETA: Marte
DUREZA: 6.5-7.5
À PROVA D'ÁGUA: Não
SIGNO: Áries
CHAKRA: Raiz
PROPRIEDADES METAFÍSICAS:
Revitalização, Paixão, Devoção

Goldstone

ELEMENTOS: Água, Terra
PLANETA: Vênus
DUREZA: 5-6
À PROVA D'ÁGUA: Sim
SIGNO: Touro
CHAKRA: Terceiro Olho
PROPRIEDADES METAFÍSICAS:
Estabilidade, Coragem, Confiança

Hematita

ELEMENTO: Terra
PLANETAS: Terra, Marte
DUREZA: 5.5-6.5
À PROVA D'ÁGUA: Não
SIGNOS: Touro, Capricórnio
CHAKRA: Raiz
PROPRIEDADES METAFÍSICAS:
Ancoramento, Proteção, Equilíbrio

Howlita

ELEMENTO: Água
PLANETA: Lua
DUREZA: 2.5-3.5
À PROVA D'ÁGUA: Sim
SIGNO: Câncer
CHAKRA: Coroa
PROPRIEDADES METAFÍSICAS:
Calma, Pureza, Limpeza

Iolita

ELEMENTO: Terra
PLANETA: Mercúrio
DUREZA: 7-7.5
À PROVA D'ÁGUA: Não
SIGNO: Virgem
CHAKRA: Terceiro Olho
PROPRIEDADES METAFÍSICAS:
Intuição, Comunicação, Intelecto

JADE

ELEMENTO: Ar
PLANETA: Júpiter
DUREZA: 6-6.5
À PROVA D'ÁGUA: Sim
SIGNO: Libra
CHAKRA: Coração
PROPRIEDADES METAFÍSICAS:
Sorte, Prosperidade, Positividade

KUNZITA

ELEMENTO: Ar
PLANETA: Vênus
DUREZA: 6-7.5
À PROVA D'ÁGUA: Não
SIGNOS: Touro, Libra
CHAKRA: Coração
PROPRIEDADES METAFÍSICAS:
Amor-próprio, Compaixão, Bem-Estar

CIANITA

ELEMENTO: Terra
PLANETA: Terra
DUREZA: 4-7
À PROVA D'ÁGUA: Não
SIGNO: Virgem, Aquário, Peixes
CHAKRA: Garganta
PROPRIEDADES METAFÍSICAS:
Equilíbrio, Relaxamento, Sabedoria

LÁPIS-LAZÚLI

ELEMENTO: Fogo
PLANETA: Júpiter
DUREZA: 5-6
À PROVA D'ÁGUA: Não
SIGNO: Sagitário
CHAKRA: Garganta
PROPRIEDADES METAFÍSICAS:
Comunicação, Honestidade, Sabedoria

Labradorita

ELEMENTO: Água
PLANETA: Netuno
DUREZA: 6-6.5
À PROVA D'ÁGUA: Não
SIGNO: Peixes
CHAKRA: Terceiro Olho, Coroa
PROPRIEDADES METAFÍSICAS:
Transformação, Reflexão, Lealdade

Lepidolita

ELEMENTO: Água
PLANETA: Netuno
DUREZA: 2.5-3
À PROVA D'ÁGUA: Não
SIGNO: Peixes
CHAKRAS: Coroa, Terceiro Olho
PROPRIEDADES METAFÍSICAS:
Elevação, Calma, Percepção

Malaquita

ELEMENTO: Terra
PLANETA: Vênus
DUREZA: 3.5-4
À PROVA D'ÁGUA: Não
SIGNO: Capricórnio
CHAKRA: Coração
PROPRIEDADES METAFÍSICAS:
Empatia, Crescimento, Amor

Pedra-da-Lua

ELEMENTO: Água
PLANETA: Lua
DUREZA: 6.5
À PROVA D'ÁGUA: Sim
SIGNO: Gêmeos
CHAKRA: Terceiro Olho
PROPRIEDADES METAFÍSICAS:
Fertilidade, Intuição, Pureza Espiritual

Moldavita

ELEMENTO: Fogo
PLANETAS: Todos
DUREZA: 6.5-7
À PROVA D'ÁGUA: Não
SIGNOS: Todos
CHAKRA: Coração
PROPRIEDADES METAFÍSICAS:
Transformação, Capacidades Psíquicas, Percepção

Mookaíta

ELEMENTO: Terra
PLANETA: Terra
DUREZA: 7
À PROVA D'ÁGUA: Não
SIGNOS: Virgem, Escorpião
CHAKRAS: Plexo Solar, Raiz
PROPRIEDADES METAFÍSICAS:
Força, Coragem, Vitalidade

⟡BSIDIANA

ELEMENTO: Fogo
PLANETAS: Vênus, Plutão
DUREZA: 5-5.5
À PROVA D'ÁGUA: Sim
SIGNO: Escorpião
CHAKRA: Raiz
PROPRIEDADES METAFÍSICAS:
Proteção, Ancoramento, Escudo Energético

ÔNIX

ELEMENTO: Terra
PLANETA: Plutão
DUREZA: 6-7
À PROVA D'ÁGUA: Sim
SIGNO: Capricórnio
CHAKRA: Raiz
PROPRIEDADES METAFÍSICAS:
Força de Vontade, Foco, Proteção

Opala

ELEMENTO: Água
PLANETA: Saturno
DUREZA: 5.5-6
À PROVA D'ÁGUA: Sim
SIGNOS: Peixes, Libra
CHAKRAS: Todos
PROPRIEDADES METAFÍSICAS:
Retenção da Memória, Pureza, Fé

Pietersita

ELEMENTO: Fogo
PLANETA: Júpiter
DUREZA: 5-6
À PROVA D'ÁGUA: Não
SIGNOS: Gêmeos, Virgem
CHAKRAS: Raiz, Plexo Solar
PROPRIEDADES METAFÍSICAS:
Poder Pessoal, Autoconhecimento, Energia

PERIDOTO

ELEMENTO: Fogo
PLANETA: Plutão
DUREZA: 6.5-7
À PROVA D'ÁGUA: Sim
SIGNO: Leão
CHAKRA: Coração
PROPRIEDADES METAFÍSICAS:
Vitalidade, Força, Abundância

PREHNITA

ELEMENTO: Terra
PLANETA: Terra
DUREZA: 6-6.5
À PROVA D'ÁGUA: Não
SIGNOS: Virgem, Capricórnio
CHAKRA: Coração
PROPRIEDADES METAFÍSICAS:
Amor Incondicional, Premonição, Conexão com os Anjos

Pirita

ELEMENTO: Fogo
PLANETA: Sol
DUREZA: 6.5-7
À PROVA D'ÁGUA: Não
SIGNO: Leão
CHAKRAS: Plexo Solar, Sacro, Raiz
PROPRIEDADES METAFÍSICAS:
Confiança, Proteção, Abundância

Quartzo Transparente

ELEMENTOS: Todos
PLANETAS: Todos
DUREZA: 7
À PROVA D'ÁGUA: Sim
SIGNOS: Todos
CHAKRAS: Todos
PROPRIEDADES METAFÍSICAS:
Clareza, Purificação, Limpeza Energética

Quartzo Rosa

ELEMENTO: Água
PLANETA: Vênus
DUREZA: 7
À PROVA D'ÁGUA: Sim
SIGNOS: Touro, Libra
CHAKRA: Coração
PROPRIEDADES METAFÍSICAS:
Amor, Compaixão, Empatia

Quartzo Enfumaçado

ELEMENTO: Terra
PLANETA: Plutão
DUREZA: 7
À PROVA D'ÁGUA: Sim
SIGNO: Escorpião
CHAKRA: Raiz
PROPRIEDADES METAFÍSICAS:
Proteção, Ancoramento, Estabilidade

Quartzo Rutilado

ELEMENTO: Fogo
PLANETA: Vênus
DUREZA: 7
À PROVA D'ÁGUA: Sim
SIGNO: Leão
CHAKRAS: Plexo Solar, Sacro, Raiz
PROPRIEDADES METAFÍSICAS:
Energia, Concentração, Crescimento Espiritual

Rodonita

ELEMENTO: Terra
PLANETA: Vênus
DUREZA: 5.5-6.5
À PROVA D'ÁGUA: Sim
SIGNOS: Capricórnio, Libra
CHAKRA: Coração
PROPRIEDADES METAFÍSICAS:
Amor, Autoestima, Bem-estar

Rodocrosita

ELEMENTO: Água
PLANETA: Vênus
DUREZA: 3.5-4
À PROVA D'ÁGUA: Não
SIGNO: Libra
CHAKRA: Coração
PROPRIEDADES METAFÍSICAS:
Calma, Amor, Paixão

Rubi

ELEMENTO: Fogo
PLANETA: Marte
DUREZA: 9
À PROVA D'ÁGUA: Sim
SIGNOS: Áries, Leão
CHAKRA: Raiz
PROPRIEDADES METAFÍSICAS:
Concentração, Destemor, Paixão

Shungita

ELEMENTO: Terra
PLANETA: Mercúrio
DUREZA: 3.5
À PROVA D'ÁGUA: Sim
SIGNOS: Capricórnio, Escorpião
CHAKRA: Raiz
PROPRIEDADES METAFÍSICAS:
Ancoramento, Proteção contra Campos Eletromagnéticos, Purificação

Safira

ELEMENTO: Ar
PLANETA: Mercúrio
DUREZA: 9
À PROVA D'ÁGUA: Sim
SIGNOS: Virgem, Leão
CHAKRAS: Coroa, Terceiro Olho
PROPRIEDADES METAFÍSICAS:
Concentração, Abundância, Sabedoria

Selenita

ELEMENTO: Água
PLANETA: Lua
DUREZA: 2
À PROVA D'ÁGUA: Não
SIGNO: Câncer
CHAKRA: Coroa
PROPRIEDADES METAFÍSICAS:
Clareza, Positividade, Purificação

Sodalita

ELEMENTO: Terra
PLANETA: Júpiter
DUREZA: 5.5-6
À PROVA D'ÁGUA: Sim
SIGNO: Sagitário
CHAKRA: Garganta
PROPRIEDADES METAFÍSICAS:
Comunicação, Harmonia, Autoconfiança

Pedra-do-Sol

ELEMENTO: Fogo
PLANETA: Marte
DUREZA: 6-6.5
À PROVA D'ÁGUA: Sim
SIGNO: Áries
CHAKRA: Plexo Solar
PROPRIEDADES METAFÍSICAS:
Elevação Espiritual, Positividade, Confiança

Olho-de-Tigre

ELEMENTO: Fogo
PLANETA: Sol
DUREZA: 7
À PROVA D'ÁGUA: Sim
SIGNO: Leão
CHAKRA: Plexo Solar
PROPRIEDADES METAFÍSICAS:
Confiança, Coragem, Sorte

TOPÁZIO

ELEMENTO: Ar
PLANETAS: Mercúrio, Júpiter
DUREZA: 8
À PROVA D'ÁGUA: Não
SIGNO: Virgem
CHAKRAS: Terceiro Olho, Garganta
PROPRIEDADES METAFÍSICAS:
Autorrealização, Paz, Calma

TURMALINA

ELEMENTO: Água
PLANETA: Plutão
DUREZA: 7-7.5
À PROVA D'ÁGUA: Não
SIGNO: Escorpião
CHAKRA: Raiz
PROPRIEDADES METAFÍSICAS:
Proteção, Ancoramento, Proteção contra Campos Eletromagnéticos

Turquesa

ELEMENTO: Ar
PLANETA: Júpiter
DUREZA: 5-7
À PROVA D'ÁGUA: Não
SIGNOS: Sagitário, Gêmeos
CHAKRA: Garganta
PROPRIEDADES METAFÍSICAS:
Expressão, Inspiração, Tranquilidade

Unakita

ELEMENTO: Terra
PLANETA: Vênus
DUREZA: 6-7
À PROVA D'ÁGUA: Sim
SIGNOS: Câncer, Peixes, Touro
CHAKRAS: Plexo Solar, Sacro
PROPRIEDADES METAFÍSICAS:
Equilíbrio, Ancoramento, Visão

Conclusão

Os cristais podem causar um impacto profundo na sua prática espiritual e na sua vida cotidiana, mas a verdadeira magia sempre está dentro de você! Ao longo deste livro, a crença e a intenção são elementos-chave e de extrema importância para a magia. Embora os cristais possam dar mais poder aos rituais e trabalhos de magia, vá com calma na sua prática com as pedras, procurando seguir no seu próprio ritmo e descobrir o que funciona ou não para você.

Nas páginas a seguir, ofereço três planilhas onde você pode registrar suas grades de cristais, seus trabalhos mágicos com base nas fases da Lua e seus feitiços. Faça cópias dessas planilhas e use-as como modelos ao criar suas grades de cristais e lançar feitiços. Espero que as informações deste livro guiem e inspirem você em sua jornada, oferecendo o conhecimento necessário para que possa selecionar os cristais que mais se adaptam a você e ao seu propósito.

Abençoadas sejam!

Planilha da Grade de Cristais

DATA: ______________________

DURAÇÃO: ______________________

FASE DA LUA: ______________________

FORMA GEOMÉTRICA: ______________________

PROPÓSITO/INTENÇÃO DA GRADE: ______________________

CRISTAIS: ______________________

ANOTAÇÕES: ______________________

Planilha da Lua

FASE DA LUA: ____________________________________

DATA: ____________________________

HORA: ____________________________

LOCAL: ____________________________

INTENÇÃO: ____________________________

____

____

____

MATERIAIS: ____________________________

____

____

____

RESULTADOS: ____________________________

____

____

____

Planilha de Feitiço

NOME DO FEITIÇO: ______________________________

DATA: ______________________________

HORA: ______________________________

LOCAL: ______________________________

FASE DA LUA: ______________________________

INTENÇÃO: ______________________________

____

____

____

MATERIAIS: ______________________________

____

____

____

RESULTADOS: ______________________________

____

____

____

Leituras Recomendadas

The Crystal Bible
[*A Biblia dos Cristais*, publicada pela Editora Pensamento]
Judy Hall

Crystal Muse
Heather Askinosie, Timmi Jandro

Crystals for Healing
Karen Frazier

The Crystal RX
Coleen McCann

Rise Sister Rise
Rebecca Campbell

The Encyclopedia of Crystals, Herbs, and New Age Elements
Adams Media

The Power of Crystals
Juliet Madison

The Witch
Lisa Lester

The Green Witch
Arin Murphy-Hiscock

Practical Magic: A Beginner's Guide to Crystals, Horoscopes, Psychics and Spells
Nikki Van De Car, Tessa Netting

Recursos On-Line

Earth Family Crystals
Blog
https://earthfamilycrystals.com/blogs

Daimonikos Productions
Serviços
www.daimonikosproductions.com

Anna Miranda
Cursos
www.annamiranda.net

Sacred Spaces Services
www.sacredspacesli.com

The Sisters Enchanted
Podcast
www.thesistersenchanted.com

International Association of Reiki Professionals
Cursos
www.iarp.org

Agradecimentos

Sou eternamente grata à minha melhor amiga e cúmplice, que me apoiou dia e noite durante a redação deste livro. Sua orientação, seu amor e sua paciência são inigualáveis.

Obrigada por me manter segura e centrada. "Você é tudo para mim daqui até Marte."

Agradeço às minhas colegas bruxas pelas contribuições e pelo apoio contínuo ao longo deste projeto. Tenho a honra de conhecer mulheres extremamente talentosas e inteligentes.

E um agradecimento muito especial a Jackie Allen por suas contribuições.

Por último, mas não menos importante, agradeço a Quarto Publishing, por me dar a oportunidade de compartilhar meus pensamentos, minhas ideias e o que eu amo fazer.

Biografias da Autora e da Colaboradora

Sara Hadley descobriu seus dons espirituais e sua paixão pela cura há dez anos, quando começou a estudar várias modalidades de cura, incluindo o Reiki. Em 2017, ela iniciou seu treinamento nesse método terapêutico e agora é uma Mestra e Professora de Reiki. A abordagem de Sara, centrada no coração, é resultado da empatia profunda que ela sente pelos seus clientes e do cuidado que tem com eles. Seus dons intuitivos, sua paixão por boas vibrações e por uma energia equilibrada no ambiente doméstico a inspiraram a compartilhar seu conhecimento com outras pessoas. Ela acredita que, se ouvirmos nosso coração, todos nós poderemos ter uma vida mais plena e viver com integridade usando práticas sutis de cura vibracional, como o poder dos cristais e o Reiki.

Courtney Pepino é cofundadora da Daimonikos Productions, uma empresa que promove eventos metafísicos, holísticos e culturais, com o propósito de difundir a cura pessoal e a descoberta espiritual. Courtney é praticante de Reiki, contadora de histórias, educadora, sacerdotisa e cofundadora da Tradição Daimonikos. Ela ficou feliz em compartilhar seu conhecimento e sua experiência com este *Guia Completo de Cristais para Bruxas*.